RÉFLEXIONS

SUR LES MOYENS DE FAIRE CESSER LA DIFFÉRENCE QUI EXISTE DANS L'OPINION, ENTRE LA VALEUR DES BIENS PATRIMONIAUX ET LES BIENS DITS *NATIONAUX*.

RÉFLEXIONS

SUR LES MOYENS DE FAIRE CESSER LA DIFFÉRENCE
QUI EXISTE, DANS L'OPINION, ENTRE LA VALEUR
DES BIENS PATRIMONIAUX ET LES BIENS DITS
NATIONAUX;

ET

SUR LES AVANTAGES QUI EN RÉSULTEROIENT POUR LES
FINANCES, POUR LA SÉCURITÉ DES PROPRIÉTAIRES DE
BIENS NATIONAUX, AINSI QUE POUR LES CRÉANCIERS
DES ÉMIGRÉS.

Par M. H. DARD, JURISCONSULTE,

Ancien Avocat à la Cour de Cassation, et ancien Professeur de droit
à l'Académie de Législation.

Est summa ratio, et sapientia boni civis,
commoda civium defendere, non divellere,
atque omnes æquitate eâdem continere.

CICERO, *de Officiis*, lib II.

PARIS,

A. EGRON, IMPRIMEUR-LIBRAIRE,
rue des Noyers, n° 37.

1821.

AVANT-PROPOS.

LES confiscations des biens, de même que
l'abolition des dettes, accordées en certains
cas au peuple dans des émeutes publiques,
sont de tous les malheurs causés par les factions qui s'élèvent dans un Etat et qui s'em-
parent du pouvoir, ceux dont les suites sont
les plus funestes et les plus difficiles à réparer.

Ceux qui, pour se rendre populaires ou
pour se venger de leurs concitoyens qui dans
des troubles civils suivent un autre parti,
confisquent leurs biens, ébranlent la société
jusque dans ses fondemens (*a*).

L'esprit de faction s'éteint insensiblement,
la raison succède aux passions et à la fureur
des partis; l'ordre renaîtroit dans l'Etat, l'autorité nécessaire au Gouvernement se rétabli-
roit, les citoyens, long-temps divisés, ou-

(*a*) Qui vero populares esse volunt, ob eamquè causam
aut agrariam rem tentant ut possessores suis sedibus pellan-
tur : aut pecunias creditas debitoribus condonandos putant;
ii labefactant fundamenta reipublicæ. (CICERO, *de Officiis*,
lib. 2.)

blieroient leurs querelles, si les confiscations n'avoient pas créé entre les vainqueurs et les vaincus des intérêts opposés qui survivent aux factions elles-mêmes, et que les uns et les autres transmettent à leurs successeurs. Prétendre détruire ces partis, en laissant subsister ces intérêts, ce seroit mal connoître le cœur humain, et oublier les grandes leçons que donne l'histoire.

La confiscation des biens des émigrés est aujourd'hui la grande plaie de la révolution, et peut-être la seule qui n'ait pas été guérie. La restitution des biens confisqués aux anciens propriétaires, avec une juste indemnité payée par l'Etat aux acquéreurs et possesseurs de ces biens, qui auroit peut-être été possible au premier retour du Roi et *avant la Charte constitutionnelle*, ne peut plus être proposée aujourd'hui que ces acquéreurs et possesseurs ont été maintenus solennellement dans leurs propriétés par l'autorité légitime. Mais de très-bons esprits pensent que si l'intérêt public et le respect pour les droits acquis ont pu conseiller la confirmation de toutes les ventes nationales, des raisons aussi puissantes et des considérations d'intérêt public appuient également le système des indemnités payées par l'Etat, qui a touché le prix des biens, aux anciens propriétaires.

D'ailleurs, en faisant même abstraction de toute considération politique, et en examinant la question des indemnités, sous le rapport uniquement de l'amélioration des finances, l'opinion des hommes les plus versés en cette matière est, qu'il est nécessaire, indispensable, quelque système de finances que l'on adopte, d'indemniser les anciens propriétaires, afin de rendre aux propriétés provenant des émigrés toute leur valeur dans le commerce, et de faire cesser entièrement la différence, dont on ne peut nier l'existence, entre ces biens et les biens patrimoniaux.

Les *Réflexions* suivantes ont pour objet d'exposer ces idées. Je les publie avec confiance, parce que je suis convaincu que, quelque imparfaites qu'elles soient, elles pourront être utiles, si on veut sincèrement terminer la révolution.

J'ai pensé aussi que les nombreux témoignages de reconnoissance et d'intérêt que j'ai reçus lors des persécutions que j'ai essuyées en 1814, pour avoir eu le courage de faire entendre le premier, et *avant la publication de la Charte constitutionnelle* (comme on en avoit alors incontestablement le droit), la voix de la justice en faveur des anciens propriétaires dépouillés de leurs biens, me faisoient un devoir de ne pas refuser mon foible secours à ces infortunés concitoyens; et je m'y suis déterminé d'autant plus volontiers, que ce que je propose de faire pour eux auroit l'heureux avantage de procurer, avec la tranquillité publique et l'amélioration des finances de l'Etat, la sécurité complète et entière des propriétaires de domaines nationaux de toute origine; d'élever dans l'opinion la valeur de ces biens à celle des biens patrimoniaux; d'assurer le paiement des créanciers des émigrés frappés par les décrets de déchéance, et de réunir dans une même famille et dans un intérêt commun pour la conservation du Gouvernement constitutionnel et l'amélioration du crédit public, tous les Français que les partis nés de la révolution ont divisés si malheureusement.

REFLEXIONS

RÉFLEXIONS

CHAPITRE PREMIER.

Distinction entre les intérêts réels et positifs, et les intérêts moraux de la révolution.

Que les acquéreurs et détenteurs des biens des émigrés sont, en dernier résultat, les seuls intérêts réels et positifs de la révolution qu'il puisse être nécessaire de rassurer contre toute espèce d'inquiétude.

POUR peu qu'on veuille réfléchir sur ce qui s'est passé en France depuis le premier retour du Roi, et sur les moyens employés par les ennemis du Gouvernement, soit dans les cent jours, soit depuis l'ordonnance du 5 septembre 1816, on doit être convaincu que le plus grand, et on pourroit même dire le seul obstacle réel et sérieux qui s'oppose à sa parfaite consolidation, est l'inquiétude qu'il cause aux intérêts nés de la révolution.

On a distingué ces intérêts en deux classes : les intérêts réels et positifs, et les intérêts moraux.

Ceux de la première espèce paroissent les seuls dont la politique doive s'occuper, parce que, par l'effet nécessaire de notre système des successions, ces intérêts se transmettent et se perpétuent dans une progression toujours croissante, et donnent par-là à ces intérêts des défenseurs et des appuis dont le nombre augmente sans cesse ; au lieu que les intérêts moraux créés par la révolution, quoique très-importans aussi à ménager, étant en quelque sorte viagers, tendent tous les jours à diminuer, et ne se transmettent pas, comme les biens par la voie des successions, par ceux qui en ont été en possession pendant notre révolution.

On doit entendre par les intérêts *réels et positifs de la révolution*, ceux qui résultent de la vente des biens des émigrés, de ceux du clergé, des hospices, des colléges et communautés, et en général des biens appartenant soit à des indivi-

dus, soit à des corps, dont les lois ou décrets de
nos diverses assemblées nationales ont ordonné
la vente pour payer les dettes de l'Etat : de l'affranchissement des dîmes, des cens, droits et
services fonciers que les premiers décrets de
l'Assemblée Nationale, appelée Constituante,
ont d'abord déclarés seulement rachetables, et
que ceux de la Convention Nationale ont ensuite abolis sans aucune indemnité, en faveur
des possesseurs actuels, sous le prétexte banal
que ces droits devoient leur origine à l'abus de
la puissance féodale.

Le nombre des personnes qui ont profité de
ces lois de violence faites pour détruire la classe
des privilégiés qui étoit en même temps celle
des grands propriétaires, en attaquant la propriété, d'où cette classe tiroit sa force, est
considérable ; et elle se met toute entière en
mouvement lorsqu'elle a lieu de craindre que ceux
qui gouvernent veulent lui enlever tout, ou seulement une partie, des droits et des avantages
que la révolution lui a fait acquérir.

Si elle craint que les élections soient confiées
aux propriétaires anciens et à l'ancienne aristocratie territoriale et féodale, et si la loi des
élections lui a paru être d'une aussi grande importance pour elle que la Charte elle-même, c'est
qu'elle pense qu'une Chambre de députés com-

posée en majorité de propriétaires anciens, seroit disposée à accueillir les lois qui tendroient à enlever aux possesseurs actuels le bénéfice de leur possession. Si cette classe défend non-seulement l'esprit de la Charte, mais encore la lettre, avec tant d'obstination et de ténacité, c'est parce qu'elle voit dans cet acte la garantie de ses droits. Par la même raison, les anciens propriétaires, que les lois précitées ont dépouillés, ne repoussent la Charte et le gouvernement constitutionnel, que parce qu'ils attribuent à la Charte le maintien de leur spoliation.

Quand d'un côté on demande le maintien de la Charte, et qu'on l'attaque de l'autre, c'est, en d'autres termes, les intérêts réels et positifs de la révolution que les uns veulent conserver, et que les autres désirent détruire : il résulte de là que la marche du Gouvernement est sans cesse embarrassée par les uns ou par les autres. Cette marche est-elle favorable aux intérêts de la révolution, les propriétaires dépouillés crient au triomphe des révolutionnaires; est-elle, au contraire, préjudiciable à ces intérêts, en réalité ou seulement en apparence, on croit voir la *contre-révolution* toute entière s'avancer, et tous les droits acquis par la révolution s'en alarment : ainsi, quelque direction que suive le Gouvernement, il y a toujours pour les uns ou pour les autres un sujet d'inquiétude ; et de là des entraves dans la marche du Gouvernement, des résistances et des oppositions dans la Chambre des Députés ; de là des haines et des méfiances contre le Gouvernement, que les factions entretiennent et enveniment. Nous avons vu ce qu'elles ont produit au 20 mars.

On fera remarquer, à cet égard, que, lorsque la direction du Gouvernement est dans le sens des intérêts anciens, les obstacles sont très-forts, parce que le nombre des personnes menacées dans la possession ou la jouissance de leurs droits est très-grand ; au contraire, lorsque la direction du Gouvernement est dans le sens des intérêts nouveaux, les obstacles sont moindres, parce que le nombre des intéressés est moins considérable ; mais ces obstacles prennent de la consistance par la qualité des personnes d'où ils proviennent ; et, sous ce rapport, ils nuisent beaucoup à l'action du Gouvernement.

Ce seroit donc débarrasser la marche du Gouvernement des obstacles toujours renaissans, que de satisfaire ces intérêts et de les réduire au silence : mais quels moyens pourroit-on employer pour obtenir un résultat si désirable ? Comment satisfaire ces intérêts, sans porter atteinte aux droits des tiers, et en gardant à tous une exacte justice? Comment faire pour les anciens propriétaires ce que la justice unie à une sage politique semble demander, sans toucher aux droits des possesseurs actuels, sans éveiller les inquiétudes qu'on veut calmer? C'est le problême qu'il s'agit de résoudre.

Pour connoître toute l'étendue du mal, et préparer les moyens de le réparer, on doit commencer par distinguer parmi les intérêts réels et positifs de la révolution, ceux qu'il peut être nécessaire, indispensable même de rassurer, d'avec ceux que le temps et la nature des choses suffiront pour préserver de toute inquiétude, lorsque les premiers ne donneront plus d'inquiétude à leurs possesseurs et ne prêteront pas leur secours aux seconds.

Il semble qu'on peut faire une distinction entre les biens des émigrés et ceux du clergé, tant régulier que séculier, et des communautés et corporations supprimées. Dans le système du Gouvernement actuel de la France, qui n'admet pas l'ancienne distinction des trois ordres, le clergé séculier n'existe plus comme une corporation ou ordre; il n'a plus ni immeubles ni aucune propriété qu'il possède, ni caisses ou dépenses communes, enfin rien de ce que les lois exigent pour constituer un collége ou une corporation reconnue par l'Etat et légalement constituée. Il n'existe donc aujourd'hui aucun des anciens propriétaires des biens du clergé ; il n'existe aucun corps qui puisse revendiquer ces biens contre les possesseurs actuels , comme en ayant été dépouillés par les lois émanées de nos assemblées nationales. Allons encore plus loin : distinguons le clergé séculier du clergé régulier, et reportons-nous à l'année 1789, époque de l'envahissement des biens du clergé.

Le clergé séculier ne semble pas pouvoir élever aucune prétention sur les biens vendus par l'Etat et qui lui appartenoient à cette époque, ni sur les dîmes ecclésiastiques supprimées , puisqu'à la place du revenu de ces biens, dont il n'avoit au reste que l'usufruit, et des dîmes qu'il percevoit, il reçoit de l'Etat des salaires et des traitemens qui lui en tiennent lieu.

Le clergé régulier ne peut pas davantage élever des prétentions sérieuses ; d'abord il n'avoit de droit que comme membre d'une corporation qui ayant été supprimée n'existe plus ; ensuite ses membres reçoivent de l'Etat une indemnité par leurs pensions ecclésiastiques ; enfin, l'époque n'est pas très-éloignée où, d'après l'ordre de la nature, les membres du clergé régulier existant en 1789 auront terminé leur carrière. Ainsi, de leur part, point de droits transmissibles et aucune inquiétude pour les possesseurs actuels. Ajoutons encore que les biens du clergé peuvent être remplacés par les donations qui leur sont faites continuellement et que le Gouvernement les autorise à accepter, et que les familles émigrées qui ont été dépouillées de leurs biens ne peuvent avoir aucun espoir de récupérer un nouveau patrimoine.

En s'élevant ensuite à des considérations supérieures, on fera observer qu'il faut distinguer entre les personnes, les particuliers ou individus réels, et les corps ou corporations qui, les uns à l'égard des autres, et chacun d'eux relativement à l'Etat, forment des personnes morales et fictives.

Les individus et les corps diffèrent essentiellement par la nature de leurs droits et par l'étendue d'autorité que la loi peut exercer sur ces droits.

Les corps ou communautés tel qu'étoit en France avant la révolution le clergé, tant séculier que régulier, sont des êtres fictifs, des personnes morales qui n'ont d'existence dans l'Etat que par la puissance et sous l'autorité de la loi qui leur permet d'exister (Voy. l'édit du mois d'août 1749, art. 1er.) Par cette raison, la loi a sur tout ce qui concerne ces corps, et jusque sur leur existence même, une autorité illimitée.

Les corps n'ont aucun droit réel par leur nature, puisqu'ils n'ont pas de nature propre, ils ne sont qu'une fiction, une conception abstraite de la loi qui peut les faire comme il lui plaît, et qui, après les avoir faits, peut les modifier à son gré.

Ainsi, la loi, après avoir créé les corps, peut les supprimer ; il y en a cent exemples ; et la raison qui fait que la suppression d'un corps n'est pas un homicide, fait que la révocation de la faculté accordée aux corps de posséder des fonds de terre n'est pas une spoliation (1).

C'est par les considérations qu'on vient de retracer que peuvent être justifiés les décrets de l'Assemblée nationale sanctionnés par le roi Louis XVI, qui ont prononcé la suppression du clergé et des ordres religieux, et ont ordonné la vente de leurs biens, au profit de l'Etat.

Il n'en est pas ainsi des individus qui, existant indépendamment de la loi et antérieurement à elle, ont des droits résultant de leur nature, droits que la loi n'a pas créés, qu'elle a seulement déclarés et reconnus, et que le but et l'institution de tout gouvernement sont de conserver et de protéger, et non de détruire. Il faut donc le reconnoître franchement. Les lois qui ont privé les émigrés de la propriété de leurs biens sont injustes ; la confiscation des biens des émigrés peut d'autant moins être justifiée, que la confiscation avoit été formellement abo-

lie par la loi du 21 janvier 1791, qui a été re-
nouvelée par l'art. 66 de la Charte. Elles n'ont de
loi que le nom. Les propriétaires anciens ont été
dépouillés par la force et non par le droit. Or, si
les assemblées nationales n'avoient pas le droit
de dépouiller les propriétaires de leurs biens, ne
pourroit-on pas, dans la rigueur des principes, en
déduire l'une ou l'autre de ces deux conséquences, ou que le souverain ne pouvoit par la Charte
confirmer cette spoliation, ou qu'il a le droit de
disposer de tous les biens de ses sujets, pour
l'intérêt public, sans aucune indemnité ?

C'est par cette raison que les anciens propriétaires dépouillés conservent l'espoir de rentrer
dans leurs biens, tandis que les possesseurs actuels ont l'inquiétude de se les voir enlever à
leur tour. Car, ce que la force seule a fait en
violant les principes du droit de propriété, la
force peut le défaire. Et s'il ne faut qu'une assemblée et une majorité dans cette assemblée
pour rendre légal l'œuvre de la force, quelle est
la propriété qui puisse être assurée ? Cet espoir
des anciens propriétaires n'a rien qui doive éton-
ner, lorsqu'on sait que les biens confisqués en
Irlande sur les partisans de Jacques II réfugiés
en France lors de la révolution de 1688, se
transmettent encore, après plus d'un siècle, par
la voie des successions, donations, mariages,

testamens, dans les familles qui en furent alors dépossédées comme les émigrés l'ont été par la vente de leurs biens. Comment un gouvernement, qui n'a que quelques années d'existence, pourroit-il se flatter de détruire dans les familles émigrées un espoir que le gouvernement anglois n'a pu lasser par une conduite uniforme et assurée pendant plus d'un siècle? Il ne seroit pas difficile de prouver que les troubles qui de temps en temps agitent encore l'Irlande, et toutes les difficultés qu'on redoute dans l'émancipation des catholiques d'Irlande, ont leur principe et leur cause dans cette expropriation des catholiques irlandois, et dans les intérêts opposés qui en sont dérivés, et qui, ayant commencé entre les propriétaires dépossédés par la révolution de 1688 et les nouveaux propriétaires que cette révolution a créés, se sont perpétués entre leurs héritiers et successeurs (2).

Ces causes véritables des troubles perpétuels de l'Irlande avoient tellement frappé le célèbre Pitt, que des personnes dignes de foi assurent que ce grand ministre avoit conçu le projet d'un système d'indemnité des familles dépossédées de l'Irlande, et qu'il n'en a été détourné que par les difficultés de l'exécution, après un si long temps écoulé depuis la dépossession des catholiques.

Le danger pour le Gouvernement de deux es-
pèces de propriétés et de citoyens perpétuellement en état d'hostilité entre eux, et se dispu-
tant le pouvoir, dans le but de conserver leurs
propriétés nouvelles, ou de reconquérir leurs
anciennes propriétés, étant un fait incontestable,
et que personne ne peut nier, il ne peut cesser
entièrement que par l'un ou l'autre de ces deux
moyens : ou que les propriétaires nouveaux ex-
terminent les propriétaires anciens, eux et tous
leurs héritiers, jusqu'au degré successible; ou que,
pour cause d'utilité publique, une loi proposée
par le Roi et adoptée par les deux Chambres,
les oblige à faire à l'Etat la cession de leur droit
de propriété, moyennant une juste indemnité.
Si on veut sincèrement détruire les inquiétudes
des acquéreurs des biens des émigrés, et faire
justement cesser de la part des anciens propriétaires de ces biens, jusqu'à la pensée de les reconquérir, je ne connois pas un troisième moyen.
Les garanties données par des actes du Gouvernement, quand bien même ces actes auroient le
nom de lois ou de Charte, seroient impuissantes.
L'exemple des catholiques dépossédés d'Irlande
le prouve.

Les inquiétudes des possesseurs actuels, malgré tous les actes du Gouvernement du Roi,
faits pour les dissiper, en sont une nouvelle

preuve. Tout ce qu'on a pu faire pour convaincre que le Gouvernement étoit dans la ferme volonté de maintenir les ventes dé domaines nationaux, a été infructueux. On ne craint pas d'affirmer que sous le gouvernement du Roi le Conseil d'Etat et la Cour de Cassation se sont montrés plus favorables aux acquéreurs de domaines nationaux que sous le dernier Gouvernement. Si des promesses solennelles, si des lois, si une juris-prudence constante et invariable suffisoient pour rassurer les possesseurs de ces biens, ils n'auroient rien à désirer depuis long-temps. Ces promesses solennelles ont été faites, ces lois ont été données, la jurisprudence du Conseil d'Etat et de la Cour de Cassation les ont appliquées avec une grande sévérité, on pourroit même dire avec dureté, contre les anciens propriétaires, et les craintes des possesseurs subsistent : qu'en conclure ? Si non que ce moyen n'atteint pas le but qu'on s'est proposé, et qu'il faut chercher un autre remède à un mal qui semble renaître par les moyens mêmes qu'on a employés jusqu'à présent pour le détruire. Je n'hésite point à penser, avec M. le comte de Montlosier, que « relativement « aux biens nationaux, comme relativement à « beaucoup d'autres choses, on s'est trompé. Que « ce que les ministres du Roi lui ont conseillé « n'étoit point convenable, et par cela même ces

« actes n'ont eu aucun crédit; ils n'ont inspiré
« aucune confiance : ce que feroit une assemblée
« n'en inspireroit pas davantage. Une assemblée
« n'a pas, en ce genre, plus d'autorité que le Roi ;
« elle n'a que faire de s'occuper des ventes na-
« tionales, si elles sont légitimes ; si elles ne le
« sont pas, elle n'a aucune puissance pour créer
« la légitimité là où elle n'est pas. » (*Des Dé-
sordres actuels de la France, et des moyens d'y
remédier*, par le M. le comte de Montlosier,
année 1815.)

Mais le Gouvernement ou l'Etat qui n'a pas
la puissance de créer la légitimité où elle n'est
pas, peut, pour cause de l'intérêt public, exiger
d'un citoyen la vente de sa propriété, en lui en
payant la valeur. C'est la disposition de l'art. 10
de la Charte ; et tel est le droit suivi dans toute
l'Europe. L'Etat a vendu les biens des émigrés,
sans leur consentement, il en a touché le prix.
Il doit indemniser les propriétaires qu'il a violemment dépouillés dans des temps de trouble
et d'anarchie. En rendant cet hommage au droit
de propriété, il raffermit et consolide toutes les
autres propriétés.

« A l'égard des biens vendus, dit M. Ouvrard
« (Mémoire sur les finances de France publié en
« 1814), et sur lesquels la constitution ne permet
« aucun retour, la valeur que l'Etat en a reçue

« est aussi une dette publique non moins recom-
« mandable que celle qui compose aujourd'hui
« la fortune des rentiers et des pensionnaires de
« l'Etat, à moins qu'on ne veuille prétendre
« que ce qui a été ravi par la force, est moins
« légitimement dû que ce qui a été prêté et con-
« fié volontairement; il n'y a d'ailleurs point de
« force majeure, point de raison d'Etat qui pres-
« crive la banqueroute envers cette classe par-
« ticulière de créanciers; et au contraire, l'inté-
« rêt général et la paix publique sont liés aux
« égards dus à leur position. »

On dit que l'Etat doit indemniser les anciens
propriétaires, et non pas les acquéreurs. Cela
mérite que nous donnions à notre pensée quelques développemens.

On ne sait pas bien en France d'où vient la
propriété : on croit assez généralement qu'elle
provient de la loi; et quand la révolution a donné
le nom de loi à ses actes; quand la puissance de
fait les a consacrés; quand la puissance de droit
qui lui a succédé les a consacrés de même; quand
ces actes sont entrés, depuis plus de vingt ans,
dans toutes les transactions, dans toutes les relations civiles, est-il possible de briser tout cela?
Les possesseurs de bonne foi qui ont pu ignorer
le vice des ventes, le défaut de pouvoir, de capa-
cité dans l'Etat qui vendoit les biens, ne méri-

tent-ils pas une grande faveur? et une possession paisible, publique pendant près de trente ans, tous les actes de bonne foi qui ont été la suite de cette longue possession telle que les lois l'exigent pour acquérir la propriété, ne sont-ils pas des titres capables de couvrir, à l'égard des possesseurs, les vices de la possession originaire? Il faut distinguer dans les acquisitions de biens nationaux, les acquéreurs des acquisitions. Les acquisitions sont illégitimes tant qu'elles n'auront pas été suivies de l'approbation ou du consentement des véritables propriétaires. Les acquéreurs peuvent être excusables. Si leurs acquisitions étoient déclarées nulles, à l'égard des anciens propriétaires, l'équité et les principes du droit commun, leur assureroient un recours en garantie contre l'Etat qui, ayant vendu et reçu le prix de la vente, est tenu de garantir l'acheteur de toute éviction. Or, le Gouvernement du Roi ayant formellement maintenu, pour cause d'intérêt public, tous les actes des Gouvernemens de fait qui ont régi la France, et ayant succédé à toutes leurs obligations, ce seroit à l'Etat à indemniser les nouveaux propriétaires des dommages qu'ils pourroient souffrir par la restitution des biens vendus à leurs anciens propriétaires. Cette obligation de l'Etat vendeur, d'indemniser les acquéreurs qui souffriroient de l'éviction est une obligation non

moins favorable que les autres obligations contractées par les Gouvernemens précédens envers
des particuliers, et que le Gouvernement actuel
acquitte religieusement comme s'il les avoit lui-
même contractées. Ainsi, ce seroit en définitif
contre le trésor royal que devroit retomber l'indemnité levée sur les possesseurs actuels des
biens des émigrés, pour payer les anciens propriétaires.

C'est par cette distinction entre les acquisitions des biens des émigrés et les acquéreurs,
que se résout la question qui a souvent été faite
sur cette matière, pourquoi l'indemnité payée
par l'Etat seroit plutôt donnée à l'ancien propriétaire qu'au possesseur actuel. Indépendamment des raisons d'Etat et d'intérêt public,
et d'autres considérations que tout le monde
aperçoit (telles que celles de ne pas donner naissance à des procès sans nombre, soit de la part
des anciens propriétaires pour les dégradations
et détériorations dont leurs biens ont pu être
l'objet pendant une possession de trente ans ,
soit de la part des possesseurs dépouillés pour
des augmentations ou des améliorations par eux
faites durant leur possession), si les acquisitions
illégitimes, à l'égard des anciens propriétaires,
doivent cependant être maintenues en faveur des
possesseurs actuels, tant par leur bonne foi que

2

parce qu'ils jouissent en vertu d'un titre solénnel émané d'un gouvernement de fait, dont tous les actes ont été maintenus et respectés par le Gouvernement légitime , l'indemnité accordée par l'Etat ne peut être réclamée que par les anciens propriétaires.

Au reste, ce que la loi, par une mesure générale, et en employant l'autorité du commandement , n'auroit pu faire qu'en irritant les esprits et en contrariant une multitude d'intérêts particuliers, les transactions volontaires entre les anciens et les nouveaux propriétaires l'opéreroit sans aucun effort, et à la satisfaction mutuelle de toutes les parties, comme nous l'établirons plus bas (chap. 3), les particuliers seront meilleurs juges de leurs intérêts que le législateur lui - même, et ces transactions volontaires donneront ouverture à des droits de mutation dont le fisc profitera.

L'indemnité payée aux acquéreurs et possesseurs actuels, et non aux anciens propriétaires, auroit encore des inconvéniens très-graves, et qu'on ne doit pas dissimuler, qui sont de porter atteinte aux actes des gouvernemens de fait, que le Gouvernement légitime a solennellement maintenus pour cause d'utilité publique; et un seul exemple donné de la violation des droits acquis pendant l'absence du Gouvernement lé-

gitime, et que la Charte a consacrés, suffiroit
pour causer à tous les intérêts nés de la révolution, des inquiétudes qu'il est de l'intérêt public de calmer, et on dira plus, d'éteindre à jamais, et fourniroit un prétexte de calomnier les
intentions du Gouvernement, et de lui supposer
les projets les plus hostiles contre tous les intérêts que la révolution a créés.

CHAPITRE II.

Conséquences qui résulteroient de la juste indemnité accordée aux émigrés pour la vente de leurs biens.

———

Les conséquences de l'indemnité accordée aux émigrés seroient aussi importantes que nombreuses : on va indiquer les principales.

Que l'indemnité accordée aux émigrés rassureroit complétement les acquéreurs de tous les domaines nationaux en général, et feroit cesser la différence si préjudiciable qui existe en France entre la valeur de ces immeubles, et ceux appelés patrimoniaux.

On a établi dans le précédent chapitre, que les acquéreurs ou possesseurs des biens des émigrés étoient l'intérêt réel et positif créé par la révolution qui étoit le plus fort, le plus durable, et le seul qui se transmît par la voie des successions, tant aux propriétaires dépossédés qu'aux possesseurs ou propriétaires actuels. Cet intérêt étant une fois satisfait, tous les autres intérêts de même nature, dont il étoit le principal appui, ne peuvent plus causer aucune inquiétude.

Les possesseurs des biens du clergé, tant séculier que régulier, que pourroient-ils craindre? où seroient l'Ordre du clergé et les anciens Ordres monastiques abolis qui se présenteroient pour revendiquer leurs biens vendus? L'Eglise anglicane a été dépouillée de ses biens sous Henri VIII, et les possesseurs de ces biens n'ont jamais été troublés dans leur possession. On ne fait, dans le commerce, aucune différence pour leur valeur, entre cette espèce de biens et ceux qui proviennent d'une autre origine: il n'en est pas de même, comme on l'a fait observer plus haut, des biens confisqués sur les catholiques d'Irlande, lors de la révolution de 1688. En France, et avant la révolution, le Gouvernement a supprimé les Jésuites et les Antonins; leurs biens ont été vendus, et ces ventes n'ont jamais donné, sur leur validité, des inquiétudes aux possesseurs de ces biens. En Allemagne, les souverains ont souvent, et particulièrement de nos jours, sécularisé un grand nombre d'abbayes dont ils ont vendu les biens; et ces ventes, comme celles faites en Angleterre sous Henri VIII, n'ont jamais été le sujet d'aucune agitation politique, d'aucun trouble pour les possesseurs :

jamais ces derniers n'ont été menacés dans leur propriété, et ces menaces n'ont pas été des élémens toujours prêts à se soulever contre le Gouvernement pour le renverser, par la crainte d'en être troublés dans leur possession.

La sécurité des possesseurs des biens du clergé vendus en vertu des décrets de l'Assemblée Nationale, sanctionnés par le Roi Louis XVI, auroit été la même que celle des possesseurs des biens du clergé, vendus en Angleterre sous Henri VIII, et en France à diverses époques, et particulièrement après la suppression des Jésuites et des Antonins, si les ventes des biens du clergé n'avoient pas été suivies de celles des biens des émigrés; et si les uns et les autres n'avoient pas la même cause, la révolution française. Tant que les émigrés n'auront pas été indemnisés, ils conserveront l'espérance, qu'il n'est pas dans la puissance du Gouvernement de détruire, de reconquérir leurs propriétés, et l'esprit de faction pourroit insinuer que leurs vœux sont secondés par le clergé; que les membres de ces anciens Ordres, unis par les mêmes intérêts, se prêtent un secours mutuel; le clergé tirant un grand avantage de la situation des émigrés et de leurs familles dépouillées de leurs biens par suite de leur dévouement à la cause légitime, et de leur côté, les émigrés ne négligeant pas le secours et l'appui du clergé. Alors s'accréditent les bruits dangereux que les émigrés et le clergé confondent les biens dont la révolution les a privés sous le nom commun de domaines nationaux, et les acquéreurs ou possesseurs de ces biens, sous celui d'acquéreurs de domaines nationaux. Ces derniers, dont le nombre déjà si considérable tendra toujours à augmenter par une suite du système de division des propriétés, et celui non moins grand des créanciers hypothécaires, seront constamment en état de défiance avec le clergé et les familles des émigrés, anciennement propriétaires de ces mêmes biens. Il ne seroit ni prudent, ni raisonnable de laisser ainsi subsister, dans l'État des classes de citoyens en guerre ouverte entre elles; tôt ou tard l'équilibre que le Gouvernement le plus habile s'efforceroit de conserver seroit rompu, et le triomphe d'une faction sur le Gouvernement seroit la suite de son imprévoyance.

Supposons maintenant que les acquéreurs et possesseurs des biens des émigrés soient dans une sécurité complète sur leur possession, et que les anciens propriétaires soient satisfaits de l'indemnité qui leur sera accordée, avec laquelle ils pourront, si cela leur convient, racheter, des possesseurs actuels, leurs anciennes propriétés, dès ce moment, les acquéreurs des autres domaines nationaux, c'est - à - dire les acquéreurs et possesseurs des biens provenant du clergé, tant séculier que régulier, partagent cette sécurité des acquéreurs et possesseurs des biens des émigrés , comme ils avoient partagé leurs inquiétudes et la défaveur d'opinion qui s'attachoit à leurs biens sous la désignation de *domaines nationaux*. Les anciennes familles émigrées et tous leurs alentours cessant d'avoir un intérêt commun avec le clergé , ne peuvent plus être soupçonnées de seconder le désir qu'on voudroit lui prêter de récupérer ses biens aliénés ; et les lois qui lui permettent de recevoir des dons et legs de la piété des fidèles, suffiront d'ailleurs pour que, sans aucun sacrifice ni indemnité à la charge de l'Etat, la dotation du clergé se recompose dans les limites qu'il plaira au Gouvernement de lui prescrire, et sans craindre qu'il puisse en abuser.

Après avoir détruit les inquiétudes des acquéreurs de domaines nationaux de toute espèce, les bruits du rétablissement des dîmes ne pourroient plus trouver aucune créance ; car, ni le Gouvernement qui percevant sur les revenus territoriaux des impôts qu'il seroit dans la nécessité de diminuer, si ces revenus étoient soumis déjà à un prélèvement pour la dîme, ni les propriétaires qui votent l'impôt, ne seroient disposés à rétablir les dîmes. Or, on demandera comment le clergé seul pourroit, contre l'intérêt du Gouvernement et celui de tous les propriétaires, rétablir l'impôt des dîmes, qui, pour lui a été remplacé par les sommes qui sont votées chaque année par les Chambres dans le budjet?

Enfin le retour de la féodalité ne seroit pas plus possible que le rétablissement de la dîme, et il n'y a que la plus insigne mauvaise foi ou l'ignorance la plus grossière qui puissent se laisser séduire par des illusions aussi fausses. Montesquieu, en parlant de l'établissement des lois féodales, dit que c'est « un événement arrivé « une fois dans le monde, et qui n'arrivera peut- « être jamais. » (liv. 3o, chap. 1er.)

Depuis trois siècles nos rois ont constamment travaillé à détruire la puissance féodale des seigneurs ; et cette puissance étoit tellement affoiblie, qu'elle a été abolie dès le premier choc qu'elle a reçu dans les premiers jours de la révolution. Il seroit absurde de penser que la féodalité, ainsi détruite, pût jamais se relever. L'esprit général qui domine en Europe, et la tendance de tous les peuples à intervenir dans l'administration des affaires de l'Etat par le moyen des

gouvernemens constitutionnels, sont des bar-
rières contre l'ancien système féodal, qu'il sera
désormais impossible de franchir.

Que si l'indemnité accordée aux émigrés est avanta-
geuse aux acquéreurs et possesseurs de ces biens,
elle est également utile à tous les propriétaires
d'immeubles.

Ce que nous allons dire sur le discrédit des
biens des émigrés, et sur les avantages d'une
indemnité payée par l'État aux anciens propriétaires, ne pourra pas être taxé de prévention
pour la cause des émigrés, ni d'un langage ar-
rangé pour les circonstances ; nous l'avons extrait d'un mémoire sur les finances présenté au
Gouvernement en 1814, par M. Ouvrard : ce
mémoire a été imprimé et distribué : ainsi aucun
doute n'est permis sur son authenticité. « Le
« salut public et la tranquillité de l'État, dit-on
« pag. 23 et suivantes de ce mémoire, exigeoient
« que toutes les ventes de biens nationaux,
« quelle que fût l'origine des biens vendus,
« fussent maintenues et irrévocablement consa-
« crées ; c'est un des articles de la Charte consti-
« tutionnelle accordée par le Roi ; et par là se
« trouve garantie la paisible possession des ac-

« quéreurs primitifs et de ceux qui leur ont suc-
« cédé.

« Mais le Roi ne s'est pas interdit le droit de
« faire éclater sa justice et celle de la nation
« française envers les propriétaires particuliers
« dépouillés de leurs biens pour avoir été pros-
« crits en 1789 et dans les années subséquentes,
« et pour avoir partagé, dès lors, les malheurs
« de la famille royale ; *il est dans l'intérêt des ac-*
« *quéreurs et des possesseurs actuels des biens d'é-*
« *migrés*, nécessaire même au succès général du
« plan de finance qu'on adoptera, quel qu'il
« soit, qu'outre la sanction donnée aux ventes
« de biens d'émigrés par la Charte constitution-
« nelle, l'Etat qui profite du prix de ces ventes,
« intervienne par sa générosité, comme il est
« intervenu par sa puissance, pour consolider
« les adjudications qui leur ont été faites, et *les*
« *revêtir de l'assentiment des véritables proprié-*
« *taires*. Malgré l'autorité de la loi et l'obéissance
« des Français privés de leurs biens, leur dé-
« nuement absolu comparé aux jouissances des
« nouveaux détenteurs seroit long-temps encore
« un principe de division et de trouble ; et tant
« qu'il y auroit d'un côté, sujet de mécontente-
« ment et d'envie, *il n'y auroit jamais parfaite*
« *sécurité de l'autre*. Si cette assertion pouvoit

« paroître problématique, le problême se résou-
« droit en adressant à soi-même, ou à tout
« autre, la question suivante :

« Entre deux propriétés dont la valeur intrin-
« sèque seroit parfaitement égale, mais dont
« l'une seroit patrimoniale, et l'autre provien-
« droit d'une vente de biens d'émigrés, laquelle
« faut-il préférer ?

« Si comme, il n'en faut pas douter, tout le
« monde répond à cette question, en déclarant
« la préférence pour la propriété patrimoniale,
« il y a encore des alarmes sur le sort de la
« propriété provenant de confiscation sur un
« émigré.

Dans un second Mémoire, imprimé et publié
par M. Ouvrard, au mois de février 1816, il a
encore présenté, au nombre des moyens qu'il
a indiqués pour le rétablissement des finances,
l'indemnité à accorder aux émigrés pour leurs
biens vendus.

Dans un troisième Mémoire sur les finances,
publié par M. Ouvrard, dans le mois d'avril 1818,
il insiste de nouveau sur « l'indemnité à accor-
« der aux Français émigrés dont les biens ont
« été confisqués et vendus ; » et on lit, page 44 :
« Je regarde aussi toujours comme indispen-
« sable, *dans l'intérêt des acquéreurs de biens*
« *d'émigrés*, mais surtout dans l'intérêt de l'E-

« tat, et pour élever la valeur de ces biens au
« niveau de celle des autres propriétés, de dé-
« terminer par une loi l'indemnité due aux émi-
« grés dépossédés, sur les bases indiquées dans
« mon Mémoire de 1814; la dette publique se-
« roit encore augmentée, par-là, de douze mil-
« lions de rentes ou environ; mais ce sacrifice
« seroit bien racheté par la restitution à la circu-
« lation, au commerce et à l'impôt, d'une masse
« inerte de propriétés *généralement déprisées dans*
« *tous les marchés et dans toutes les* transactions. »

Ces idées, dont la priorité appartient à M. Ouvrard, se retrouvent dans un grand nombre de
projets et d'ouvrages publiés, sur cette matière,
depuis la restauration. On indiquera entre autres, une brochure publiée à la fin de décembre 1814, sous le titre de : *Opinion d'un ancien
membre du Tribunat sur les questions relatives aux
biens invendus des émigrés.* (On assure que l'auteur de cet ouvrage est M. Carrion de Nisas.)

L'auteur propose, comme M. Ouvrard, que
l'Etat accorde aux émigrés une indemnité pour
leurs biens vendus, et parmi un grand nombre
de raisons qu'il apporte pour prouver la nécessité de cette indemnité, on remarque les suivantes, pag. 14.

« Actuellement qu'on ne perde point de vue
« qu'il s'agit *de finir la révolution;* c'est-à-dire,

« de faire cesser une situation essentiellement
« provisoire et toujours imminente ; qu'il s'agit
« de fixer cette roue, et, entre autres résultats,
« de donner aux biens nationaux, en général,
« un caractère et une valeur que l'opinion leur
« refuse, ou plutôt de leur ôter leur nom, et de
« faire qu'il n'y ait plus en France que des patri-
« moines également considérés.

« Il est de fait, nul ne peut révoquer en doute
« l'existence de ce fait, il a été proclamé à la
« Chambre des Députés, que les biens aujour-
« d'hui, dits nationaux, ont une valeur vénale,
« moindre de beaucoup que les biens patrimo-
« niaux de même valeur intrinsèque, et qu'on peut
« *très-difficilement les hypothéquer;* il auroit mieux
« valu peut-être garder le silence que de parler
« ainsi dans l'intérêt de la cause des acquéreurs ;
« mais l'aveu est fait, le coup est porté : *Nescit*
« *vox emissa reverti.* »

Ce fait de la dépréciation des biens provenant
des émigrés que M. Carrion de Nisas déclaroit
constant et incontestable en 1814, est encore
vrai aujourd'hui, malgré le temps qui s'est écoulé
et malgré toutes les mesures prises par le gouvernement du Roi pour dissiper les inquiétudes
des acquéreurs et des possesseurs des biens
d'émigrés.

Une seule réflexion suffira pour prouver que

ceite dépréciation subsiste encore. Personne n'i-
gnore que depuis long-temps, et même avant
la restauration, plusieurs acquéreurs et possesseurs de biens d'émigrés ont fait avec les anciens propriétaires des transactions par lesquelles
ces derniers ont, moyennant une somme con-
venue, ratifié les ventes faites par l'Etat. Or, les
biens d'émigrés dont les ventes ont été ainsi ratifiées, entrent dans le commerce et obtiennent
la même faveur que les biens patrimoniaux, tandis que ceux qui manquent de cette ratification
ne trouvent pas d'acheteurs, ou à des conditions
très-onéreuses pour les possesseurs.

Maintenant, n'est-il pas évident que si l'Etat,
en accordant aux anciens propriétaires une indemnité, exigeoit de leur part la ratification
de la vente de leurs biens, tous les biens d'é-
migrés seroient par le fait seul de l'indemnité
payée aux anciens propriétaires, assimilés aux
biens d'émigrés dont les ventes ont été ratifiées
ou confirmées par les précédens propriétaires?
c'est-à-dire, en d'autres termes, qu'il n'existeroit
plus aucune différence entre ces biens et les
autres biens patrimoniaux ; que la valeur de ces
biens s'éleveroit au niveau des biens patrimoniaux. Or, cette plus value, dont profiteroient
les acquéreurs et les possesseurs dont les ventes
nationales n'ont pas été confirmées par les pré-

cédens propriétaires , sans bourse délier , ne seroit-elle pas pour eux un bienfait du Gouvernement , qui devroit exciter toute leur reconnoissance , et qui , au moins détruisant sans retour les inquiétudes et les alarmes qu'ils auroient pu concevoir dans l'avenir pour la sécurité de leurs acquisitions , et dès à présent leur facilitant les ventes , les échanges et les hypothèques de leurs biens , et toutes leurs transactions , les rendroit inaccessibles à toutes les calomnies que les ennemis du Gouvernement font circuler contre les projets qu'ils lui supposent contre les acquéreurs et possesseurs de domaines nationaux?

Mais ce ne seroient pas seulement les propriétaires de domaines nationaux qui retireroient un avantage de l'indemnité accordée aux précédens propriétaires. La sécurité des propriétaires de domaines nationaux consolideroit encore et augmenteroit la valeur des immeubles patrimoniaux, par le respect que le Gouvernement auroit manifesté pour le droit de propriété. Une des raisons de la préférence que les effets publics ou de commerce obtiennent sur les immeubles, pour le placement des capitaux, est que le propriétaire des premiers peut plus facilement les soustraire aux mesures de confiscation, qu'on redoute dans des temps de troubles, que des immeubles qu'on ne peut transporter avec

soi, ni vendre de manière à en réaliser le prix,
sans des lenteurs et des formalités qui laissent
au fisc le temps de saisir sa proie. Combien
d'anciennes familles émigrées répugnent à faire
l'acquisition d'immeubles et à y placer leurs capitaux mobiliers, par la crainte d'une seconde
confiscation? Les étrangers eux-mêmes emploie-
roient leurs capitaux en France en acquisitions
d'immeubles, comme déjà ils en ont employés
dans nos fonds publics : ce qui contribueroit
aux progrès de notre agriculture.

*Que l'indemnité accordée aux émigrés feroit cesser
la cruelle et injuste différence entre les émigrés
dont les biens ont été vendus, et ceux qui ont
échappé aux ventes nationales, et mettroit fin aux
procès qui existent entre les émigrés et leurs créanciers antérieurs à l'émigration.*

Lorsque la loi du 5 décembre 1814 est venu
rendre aux émigrés ou à leurs familles leurs
biens non vendus qui existoient en nature dans
le domaine de l'Etat, les esprits les plus vulgaires
furent frappés de l'injuste et cruelle différence
que cette loi établissoit entre les émigrés dont
les biens avoient été aliénés, et ceux dont les
propriétés se trouvoient invendues. La raison,
l'équité ne pouvoient expliquer cette différence
entre des familles dont les chefs dirigés par les

mêmes principes avoient tenu la même conduite. On se demanda en quoi celui qui avoit un
hôtel et des bois avoit pu mériter, par là, un
sort plus favorable que celui qui n'avoit que des
petites fermes ou des champs épars. On fut
étonné de voir la loi de remise fondée sur ce
principe, que les biens non vendus étoient rendus à titre de grâce et non à titre de justice ;
c'est par cette raison que la loi put sans injustice excepter de la remise qu'elle prononçoit les
meubles et les choses réputées meubles, ainsi
que les rentes sur l'Etat confisquées sur les émigrés, et se borner à la remise des immeubles
et des rentes foncières. En effet, si la remise
des biens non vendus eût été faite aux anciens
propriétaires, à titre de justice, le souverain,
source de toute de justice, auroit donné lui-même
l'exemple de la violation de la justice, en rete-
nant, au préjudice des légitimes propriétaires, des
objets mobiliers auxquels l'Etat n'avoit d'autre
droit de propriété que les lois qui avoient transmis à l'Etat la propriété des immeubles appar-
tenant aux émigrés.

L'indemnité accordée par l'Etat aux émigrés
pour leurs biens vendus, satisfait la raison et la
justice. Elle fait cesser, autant qu'il est possible,
la différence choquante entre le sort des hommes
dont les biens ont été confisqués pour la même

cause. Enfin elle met un terme aux procès sans nombre dont les tribunaux retentissent entre les émigrés auxquels des biens ont été rendus par suite de la loi du 5 décembre 1814, et leurs créanciers antérieurs à l'émigration.

Des effets de l'indemnité accordée aux émigrés, à l'égard de leurs créanciers antérieurs à la confiscation.

D'après les principes du droit les plus constans, la mort civile du débiteur, lorsqu'elle est suivie de la confiscation de tous ses biens, entraine l'extinction de toutes les dettes dont il étoit grevé à l'époque où la mort civile l'a frappé. Lorsqu'ensuite il est restitué contre la mort civile par la puissance ou par la grâce du souverain, et que tout ou seulement une partie des biens confisqués est restituée au débiteur, on distingue à l'égard des créanciers antérieurs à la confiscation, si la remise des biens lui est faite à titre de grâce ou à titre de justice ; à titre singulier ou à titre universel.

Si les biens sont rendus à titre de justice, et si la restitution faite à titre universel s'étend à tous les biens confisqués, le condamné restitué est obligé au paiement de toutes ses dettes antérieures à la confiscation qui n'ont pas été acquittées par le confiscataire durant la mort civile ; si la restitution, toujours faite à titre de justice et à titre universel, n'est que d'une quotité des biens confisqués, comme par exemple de la moitié, du tiers ou du quart, le débiteur n'est tenu au paiement de ses anciennes dettes que dans la même proportion.

Enfin, si la restitution des biens n'est faite qu'à titre de grâce et à titre singulier, et non à titre universel, les dettes antérieures à la confiscation ne peuvent pas revivre à la charge du restitué dont la libération reste complète et irrévocable.

Ces principes du droit sont parfaitement applicables aux émigrés contre leurs anciens créanciers, puisqu'on ne peut pas nier, et que la Cour de cassation et les cours royales ont décidé que la remise faite par la loi du 5 décembre 1814 aux émigrés ou à leurs héritiers, ou ayant cause, de leurs biens immeubles non vendus, étoit une remise de grâce, et faite à titre singulier, et non à titre universel (3).

Poursuivis devant les tribunaux par leurs anciens créanciers, les émigrés débiteurs, en se fondant sur les principes qu'on vient de rappeler, soutiennent, et avec raison, qu'ils ne sont point tenus des dettes dont l'extinction avoit été opérée par leur mort civile. Ils ajoutent que l'article 1er de la loi du 5 décembre 1814, leur imposant l'obligation de respecter tous les actes et tous les droits acquis contre eux par des tiers pendant leur mort civile, ils sont, à leur tour, bien fondés à apposer à leurs créanciers la déchéance que l'Etat, devenu débiteur à leur place, par suite de la loi du 1ᵉʳ floréal an 3, avoit acquise contre les créanciers par diverses lois, et enfin par le décret de déchéance du 25 février 1808 (a).

Ces moyens des émigrés, auxquels aucun jurisconsulte ne peut refuser son assentiment, en point de droit, ont déjà été accueillis par quelques jugemens des tribunaux de première instance. Si la jurisprudence finissoit par se consolider dans ce sens (4), les créanciers des émigrés qui ont négligé de se faire payer par l'Etat, ou dont la liquidation n'a pas pu être faite avant le décret fatal de déchéance, seroient privés de leurs créances. Ils ont donc un intérêt réel à ce que, en accordant une indemnité à tous les émigrés, pour leurs biens vendus, on revienne contre le principe admis comme base de la loi du 5 décembre 1814, que les biens non vendus ont été remis à titre de grâce. On pourroit, dans le mode d'indemnité qui sera adopté, établir des dispositions législatives qui donneroient aux

(a) Voyez mon *Opinion sur les dettes des Emigrés antérieures à la confiscation ;* chez Le Normant, libraire. (1819.)

anciens créanciers les moyens de conserver leurs droits contre leurs débiteurs. Il résulteroit de cette satisfaction donnée par les émigrés à leurs anciens créanciers, encore cet autre avantage, de mettre fin à cette multitude de procès élevés entre les émigrés et leurs créanciers, et que les tribunaux ne savent comment juger, par les contradictions qui existent entre les lois positives et les actes et décrets fiscaux émanés du dernier gouvernement; et, par les oppositions que, dans certains cas, les décisions des lois positives présentent avec l'équité. Nous trouvons la preuve de cette incertitude déplorable de la jurisprudence sur des questions d'où dépendent les droits tant des débiteurs que des créanciers, dans un rapport imprimé et distribué dernièrement au Conseil d'Etat, « sur la question de « savoir si toutes les dettes des communes anté-« rieures à la loi du 24 août 1793, sont, dans « tous les cas, devenues dettes nationales. » On lit le passage suivant : « Veut-on enfin attaquer « en elle-même la question des dettes des émi-« grés? On verra bientôt qu'il n'y a pas de ques-« tion plus controversée, et dont la solution soit « plus mal assise dans la législation spéciale de « la matière et dans la jurisprudence des tribu-« naux. »

Or, il peut être permis de penser que les tribunaux de première instance, et même les cours royales, éprouveront de sérieuses difficultés dans la solution d'une question que le Conseil d'Etat reconnoît lui-même être des plus controversées, et n'avoir aucune règle sûre de décision dans la législation spéciale ou dans la jurisprudence. Est-il sage, est-il juste, est-il seulement convenable que des droits qui intéressent tant de citoyens soient livrés aux hasards de la jurisprudence, et, j'oserai dire, à l'arbitraire des tribunaux ? Le législateur pourroit-il, comme quelques personnes, à ce qu'on assure, l'ont proposé, sous prétexte des difficultés d'une loi à faire sur cette matière, prendre le parti de renoncer à faire une loi, « et de laisser toutes les « questions des dettes des émigrés se dénouer in- « sensiblement dans les solutions de la jurispru- « dence? » Les grands chanceliers dont la France s'honore, les *Lhospital*, les d'*Aguesseau*, n'auroient pas trouvé ces difficultés au-dessous de leur génie et de leur amour pour la justice.

Enfin, les créanciers des émigrés non payés par l'Etat, et dont les débiteurs, en rentrant dans leur patrie, n'ont retrouvé aucun de leurs biens, ne seroient-ils pas également intéressés à ce que ceux-ci obtinssent une indemnité avec laquelle ils pourroient payer leurs dettes ?

Que l'indemnité payée aux émigrés effaceroit jusqu'à la distinction des biens patrimoniaux et nationaux, et que le législateur auroit le droit de la prohiber dans les actes authentiques.

Cette distinction des immeubles en patrimoniaux et nationaux, et cette sous-distinction des biens nationaux en biens de première et de seconde origine (*a*), ont été imaginées depuis la révolution, parce qu'il existoit, en faveur des biens patrimoniaux, une différence de valeur dans l'opinion, au préjudice des biens nationaux, qu'il étoit dans l'intérêt des propriétaires de biens patrimoniaux d'exprimer; de même que dans l'intérêt des propriétaires des biens de première origine, dont l'opinion plaçoit la valeur au-dessus de celle des biens de seconde origine; et de là, l'usage s'est établi de désigner, par des noms différens, des biens pour lesquels, avec le même revenu, on n'obtenoit pas dans les ventes les mêmes prix. C'est par cette raison que le propriétaire d'un bien patrimonial qui le met

______

(*a*) On désigne sous le nom de *biens nationaux de première origine*, les biens du clergé et des ordres religieux supprimés; et sous celui de *biens de seconde origine*, les biens des émigrés provenant des confiscations.

en vente, ne manque jamais de lui donner cette qualité dans l'annonce qu'il en fait faire; de sorte que, quand cette qualité de bien *patrimonial* n'est pas exprimée dans une annonce de biens à vendre, on peut, sans crainte de se tromper, en conclure que ces biens sont nationaux, de première, ou de seconde origine.

Si la différence qui existe dans l'opinion entre la valeur des biens patrimoniaux et des biens nationaux étoit effacée, on n'emploieroit plus des noms différens pour distinguer des biens d'une même valeur, parce que les propriétaires des biens de la première espèce n'auroient aucun intérêt à ajouter à leurs biens une qualité qui n'en augmenteroit pas la valeur dans l'opinion des acheteurs; et bientôt cette fâcheuse dénomination de biens nationaux et biens patrimoniaux cesseroit d'être en usage; et le législateur auroit, au surplus, le droit de la prohiber dans les actes publics, ainsi que dans les annonces judiciaires.

Dans l'intérêt public, et sous le rapport de l'amélioration des finances et des produits de la richesse nationale, l'indemnité des anciens propriétaires auroit encore les conséquences les plus heureuses et les plus certaines, comme on le verra dans le cours du chapitre suivant.

CHAPITRE III.

Du mode de l'indemnité, et examen de quelques questions relatives à l'exécution de la loi sur l'indemnité.

Il ne suffiroit pas d'avoir montré que les acquéreurs et détenteurs des domaines nationaux sont, malgré eux, et presque involontairement, une des principales causes des obstacles qui s'opposent à la marche du Gouvernement constitutionnel ; et que des avantages réels, tant pour les particuliers que pour l'Etat, naîtroient de la sécurité entière procurée à ces acquéreurs et détenteurs, par suite de l'indemnité accordée, par une loi de l'Etat, aux anciens propriétaires ; il faut encore indiquer comment il seroit possible d'acquitter cette indemnité sans imposer au trésor public une charge trop forte, et sans aucune injustice particulière : c'est le but qu'on s'est proposé dans le plan dont on va indiquer les bases principales.

Avant d'entrer en matière sur cet objet, on

doit examiner et résoudre deux questions. La première, de quelle quotité doit être l'indemnité à accorder. La seconde, si les acquéreurs et détenteurs des biens des émigrés doivent concourir, avec l'Etat, au paiement de cette indemnité, et dans quelle proportion.

Que l'indemnité à accorder aux émigrés doit être complète, c'est-à-dire de la valeur réelle des biens vendus par l'Etat.

Si on admet qu'il est nécessaire de revenir contre ce principe de la loi du 5 décembre 1814, que les biens non vendus des émigrés leur sont remis à titre de grâce et de libéralité, et non à titre de justice, et qu'il convient, en accordant une indemnité pour les biens vendus, de déclarer et de reconnoître, par ce fait même, que la remise des biens est faite à titre de justice, le législateur n'est plus le maître de fixer arbitrairement l'indemnité à accorder.

L'indemnité doit représenter, à l'égard de l'ancien propriétaire, l'immeuble que l'Etat a vendu, et qu'il est, par cette raison, dans l'impossibilité de rendre en nature, et lui procurer le même revenu. Tout autre système, fondé sur une base d'indemnité arbitraire, seroit contraire aux prin-

cipes du droit, et, en autorisant les réclamations
des anciens propriétaires contre la modicité de
l'indemnité, affoibliroit la sécurité des propriétaires et possesseurs actuels. Plus l'indemnité
approchera de la valeur réelle des biens confisqués, et plus la différence entre ces biens et les
biens patrimoniaux s'effacera.

M. Ouvrard, dans son Mémoire sur les finances, publié en 1814, n'évaluoit l'indemnité que
sur le pied de trois pour cent de la valeur des
biens. Il se fondoit, pour justifier la modicité de
cette quotité, sur cette considération : que les
droits féodaux utiles, abolis par notre législation
actuelle, et que les émigrés auroient été obligés
de supporter comme les autres propriétaires
d'immeubles féodaux non émigrés, avoient beaucoup diminué le dommage réel causé aux émigrés, par la vente de leurs biens, dont une grande
partie consistoit en droits féodaux.

Mais cette considération, qui peut être juste
pour les anciens propriétaires des biens auxquels étoient jointes des redevances féodales ou
mélangées de féodalité, seroit injuste pour ceux
dont les biens n'auroient rien perdu à l'abolition
de ces redevances sans indemnité.

Seroit-il d'ailleurs impossible de distinguer
aujourd'hui, dans un immeuble, ce que la suppression des droits féodaux a apporté de dimi-

nution dans sa valeur ? Ne pourroit-on pas faire observer, pour les anciens propriétaires, que , depuis l'année 1789, la valeur des propriétés foncières a considérablement augmenté, et qu'en fixant l'indemnité d'après la valeur des biens, au moment de l'appréhension qui en a été faite par l'Etat, on ne leur tient pas compte de cette augmentation ? Que d'ailleurs, en leur payant l'indemnité en rentes sur l'Etat, au taux moyen de 75 fr., on ne leur paie, dans la réalité, que les trois quarts du capital de leurs propriétés, d'après leur valeur en 1789 ? Enfin que si, comme on le dira bientôt, et pour exclure tout arbitraire, on prenoit pour base de l'indemnité le prix de l'adjudication en papier monnoie réduit d'après les tableaux de dépréciation des départemens, les anciens propriétaires éprouveroient encore une lésion dans ce mode d'indemnité, puisqu'il est notoire que les biens des émigrés n'ont jamais eu, même dans les ventes nationales, la même valeur que les biens patrimoniaux ? D'après ces réflexions, il peut être permis de croire que ce ne seroit pas trop s'écarter d'une juste indemnité, que de la fixer à cinq pour cent de la valeur des biens à l'époque de la confiscation.

*Que les acquéreurs et détenteurs des biens des émi-
grés ne doivent pas être obligés de contribuer à
l'indemnité accordée aux anciens propriétaires
dans une proportion différente des autres propriétaires.*

La seconde question n'est pas aussi facile à
résoudre. On doit l'envisager sous le rapport de
l'équité et de la politique, et sous le rapport du
droit strict et de notre droit constitutionnel.

En premier lieu, si on ne consultoit que l'é-
quité, il seroit aisé de prouver qu'elle ne seroit
point blessée, si les acquéreurs et possesseurs
des biens des émigrés étoient obligés de contribuer concurremment avec l'Etat, pour indemniser les anciens propriétaires, s'il est vrai que
l'effet de cette indemnité seroit d'élever la valeur
de leurs biens à celle des biens patrimoniaux.
C'est en se fondant sur l'équité que l'auteur de
la brochure que nous avons citée plus haut (*a*),
s'exprimoit ainsi : « Comme les opérations que
« nous allons proposer, tendent évidemment et
« efficacement à leur rendre dans l'opinion, dans
« le commerce, une valeur égale à leur valeur

(*a*) *Opinion d'un ancien membre du Tribunat, sur les
questions relatives aux biens invendus des émigrés* (1814).

« réelle et à celle des biens patrimoniaux , le
« montant de la différence qui existe aujour-
« d'hui n'appartient-il pas de droit au législa-
« teur qui l'a fait disparoître, et ne peut-il pas
« en disposer sans injustice?

« Le Gouvernement qui désintéressera les an-
« ciens propriétaires , qui *patrimonialisera* les
« biens nationaux , est donc admissible à s'a-
« dresser au propriétaire nouveau; et il est en-
« core son bienfaiteur s'il lui demande moins
« qu'il lui donne. Les propriétaires de biens na-
« tionaux ne se sont jamais dissimulé qu'ils
« étoient menacés d'une *surtaxe* , d'un *droit de*
« *confirmation*..... C'étoit l'épée de Damoclès tou-
« jours suspendue sur leur tête.

« Si le dernier Gouvernement avoit duré,
« une des premières ressources dont il auroit
« usé, auroit été ce genre de recours... En consi-
« dérant les propriétaires actuels dans la situa-
« tion où ils se placent et se reconnoissent eux-
« mêmes , examinons s'ils ne trouveront pas
« dans le consentement général de l'opinion ,
« dans le désistement des intéressés, un accrois-
« sement de valeur égal au moins à un quart de
« la valeur totale de cette propriété. Si cela est
« prouvé, si on ne leur demande pas davan-
« tage, si même, par le mode adopté, on leur
« demande réellement beaucoup moins, ne de-

« vront - ils pas applaudir à une opération qui
« à la fois augmentera et désentravera leur
« capital ? »

C'est ce que j'avois moi-même proposé dans
l'écrit que je publiai plusieurs mois auparavant,
et antérieurement à la publication de la Charte
constitutionnelle (a); je disois, pour justifier la
taxe du quart sur les acquéreurs et possesseurs :
« Quant à l'acquéreur autre que celui qui a ac-
« quis directement de la nation, il est soumis au
« paiement du quart de la valeur de l'immeuble
« qu'il possède ; mais, au moyen de ce paie-
« ment, son acquisition est pleinement conso-
« lidée ; il ne fait que payer au légitime proprié-
« taire le surplus de la valeur réelle de l'im-
« meuble qu'il n'a pas payée à son vendeur, ré-
« sultat de la différence du prix entre les biens
« patrimoniaux et les biens d'émigrés. »

Encore aujourd'hui, on m'assure que plusieurs
acquéreurs de biens d'émigrés ont donné les
pouvoirs de consentir pour eux au paiement du
quart de l'indemnité qui seroit accordée aux émigrés. Malgré ces offres, et après avoir fait de
nouvelles réflexions sur ce sujet, je pense que
l'Etat seul doit faire les frais de cette indemnité,

(a) *De la restitution des biens des Emigrés ;* chez Le
Normant, libraire.

et qu'il n'est pas convenable qu'il accepte les propositions des acquéreurs de concourir à cette indemnité.

Je fonde mon sentiment à cet égard sur le droit commun et sur le droit constitutionnel.

Le droit commun veut, que tout vendeur garan-tisse l'acquéreur de l'éviction de la chose ven-due. L'Etat a vendu les biens des émigrés, il est garant de l'éviction dont les acquéreurs ou pos-sesseurs seroient menacés. Or, les obligations contractées par les gouvernemens de fait qui se sont succédés en France, ont été garanties par l'article 70 de la Charte, qui a déclaré inviolable toute espèce d'engagement pris par l'Etat avec ses créanciers; et c'est sans doute un engage-ment pris par l'Etat vendeur, que celui de garan-tir la chose vendue de toute éviction.

Le droit constitutionnel n'est pas moins favo-rable aux acquéreurs et possesseurs de biens d'é-migrés. Les divers gouvernemens de fait qui se sont succédés en France ont eu pour principe le maintien des ventes nationales. Les actes con-nus sous les noms de constitutions de l'an III (art. 384), et de l'an VIII (art. 84), ont main-tenu, à l'égard des acquéreurs, la vente des biens vendus comme nationaux , mais appar-tenant à des particuliers, sauf à ces derniers à être indemnisés par le trésor public. L'autorité légitime a consacré ces dispositions émanées des gouvernemens de fait ; mais elle n'a pu le faire sans violer le droit de propriété, qu'à la charge d'indemniser les anciens propriétaires, dont les biens ont été vendus et confisqués par une suite de leur dévouement à leur légitime souverain.

On pourroit encore aller plus loin, et soutenir que c'est au Gouvernement seul à faire les frais de l'indemnité à payer aux anciens propriétaires, parce qu'en dernier résultat, cette mesure lui procurera un excédent de revenus par les droits de mutation et d'enregistrement, sur les revenus actuels, qui couvrira, et au delà, la somme que l'Etat aura à payer pour le service de la rente qui représentera l'indemnité accordée aux anciens propriétaires.

Qu'on me permette de citer encore sur cette matière l'autorité si considérable et si impartiale de M. Ouvrard, dans son Mémoire sur les finances publié en 1814. La question n'est examinée par lui que sous le rapport des finances et avec un esprit dégagé de toute influence de parti ou d'opinion. « C'est un malheur, dit-il, même pour « la fortune publique, abstraction faite des prin- « cipes de mécontentement dont on vient de « parler, que cette différence de prix dans le « commerce général des propriétés ayant intrin- « sèquement la même valeur, le propriétaire ou

« le cultivateur de l'héritage décréé, cédant à
« l'opinion publique, se détache par degrés, ou
« s'il surmonte ce motif de dégoût, et qu'il ait
« besoin de secours pour améliorer ou entrete-
« nir ses domaines, il ne trouve point de prêteur
« qui se contente d'un pareil gage, point d'ac-
« quéreur qui veuille entrer en partage avec lui,
« et l'on peut craindre de voir ainsi tous les jours
« se déprécier davantage une portion considé-
« rable du territoire de la France ; *la richesse de*
« *l'Etat en sera d'autant diminuée, et le fisc en*
« *particulier en souffrira de grands dommages. Tous*
« *les droits de mutation par vente, succession ou*
« *autrement, tous ceux auxquels donnent ouverture*
« *les transactions et les actes relatifs à la disposition*
« *ou à l'administration, seront moindres sur des*
« *biens négligés; l'intérêt de l'Etat est donc de trou-*
« *ver un moyen d'effacer tout-à-fait la nuance qui*
« *distingueroit toujours, si on n'y porte aucun re-*
« *mède, les biens provenant de confiscations sur des*
« *émigrés d'avec les biens patrimoniaux.*

Il seroit difficile de présenter des vues plus
justes et plus fortes sur les avantages que l'Etat
retireroit de l'indemnité; et la sagacité, ainsi que
l'expérience éclairée de leur auteur, en matière
de finances, dispense sur ce point de toute autre
réflexion.

Quelle somme de rentes sur le grand - livre seroit nécessaire pour une complète indemnité ?

Abandonnons maintenant toutes les considérations que nous avons présentées dans les deux chapitres précédens, et calculons, au moins par approximation, quelle quantité de rentes l'indemnité exigeroit, et si les finances de l'Etat n'en seroient point altérées. Les chiffres sont inexorables, et les raisonnemens les plus éloquens sont obligés de céder à leur puissance.

On se fait assez généralement des idées exagérées sur la consistance réelle des réclamations des émigrés, à cause des biens vendus et confisqués à leur préjudice. Mais si on fait attention que leurs principales propriétés, à Paris et dans les grandes villes, ont été réservées pour le service des administrations et des établissemens publics, et ont par conséquent été toutes restituées par suite de la loi du 5 décembre 1814; qu'une grande partie des biens ruraux n'ayant pu se vendre dans les premières années de la révolution, à cause de la répugnance générale à ce genre d'acquisition, tant qu'il y a eu d'autres biens nationaux à vendre; qu'un grand nombre de Français, bien ou mal à propos inscrits sur les listes d'émigrés, en ont été rayés depuis long-temps, et sont rentrés en possession de leurs biens non vendus; qu'enfin beaucoup d'acheteurs n'ayant pu faire le paiement du quart en numéraire auquel les acquéreurs de biens nationaux ont été obligés, ont été déclarés déchus et les biens rentrés, par suite de la déchéance, dans les mains de l'Etat, ont été remis aux anciens propriétaires.

Si on fait attention, ensuite, qu'il convient de déduire sur le prix des biens qui ont été vendus, les dettes des anciens propriétaires que l'Etat a payées à leur décharge, on sera loin de trouver une somme exorbitante, et au-dessus des ressources financières de la France. M. Ouvrard, dans son *Mémoire sur les Finances de* 1814, avoit évalué les biens libres des émigrés, déduction faite des dettes, dont l'Etat a reçu le prix, à la somme de quatre cent millions, ce qui, au taux de trois pour cent, formoit une rente de douze millions pour l'indemnité nécessaire pour désintéresser les anciens propriétaires. J'ai des raisons de croire que cette évaluation est trop foible : suivant des documens que je suis autorisé à regarder comme authentiques, le produit de la vente de tous les biens des émigrés, d'après les états qui ont été dressés dans les bureaux des décomptes, et en calculant ce produit d'après le prix des adjudications nationales, converti en

numéraire, s'éleveroit à une somme de treize
cent millions; et les dettes payées par l'Etat pour
les anciens propriétaires, à plus de six cent millions; il resteroit donc sept cent millions, d'où
il faudroit encore déduire ceux des biens vendus
par l'Etat, dans lesquels il est rentré par la déchéance prononcée contre les acquéreurs, et le
nombre en est considérable; et les biens dont
les anciens propriétaires, ou leurs héritiers ou
ayant-cause ne se représenteroient pas, ou dont
les droits ne pourroient pas être légalement justifiés; de sorte qu'on peut regarder que, toutes
déductions faites, la somme restant libre entre
les mains de l'Etat, sur le produit de la vente
des biens des émigrés, n'excéderoit pas la somme
de cinq cent millions, dont la rente, sur le pied
de cinq pour cent, seroit de vingt-cinq millions,
et de quinze millions seulement, en ne calculant
la rente à accorder pour l'indemnité que d'après
le taux de trois pour cent.

L'Etat auroit à payer une rente de quinze ou
de vingt-cinq millions de plus pour le service de la
dette publique; mais les revenus de l'Etat et les
produits des impôts, tant directs qu'indirects,
s'accroîtroient, par suite de cette opération,
d'une somme au moins égale; en sorte que l'Etat,
loin de rien perdre à cette opération, considérée
comme purement financière, et en faisant tota-

lement abstraction de tout motif de justice ou de
politique, gagnerait au contraire un excédent de
recettes qu'il pourroit utilement employer à l'a-
mortissement des rentes délivrées en paiement
de l'indemnité (5).

C'est ce qu'atteste M. Ouvrard, dans son troisième *Mémoire sur les Finances*, publié en 1818.
Après avoir proposé la création de douze millions de nouvelles rentes sur le grand-livre, pour
payer l'indemnité des émigrés, il ajoute que ce
sacrifice, qui augmenteroit la dette publique,
« seroit bien racheté par la restitution à la circu-
« lation, au commerce et à l'impôt d'une masse
« inerte de propriétés généralement déprisées
« dans tous les marchés et dans toutes les tran-
« sactions. »

On pourroit calculer par approximation cet
excédent de produit du fisc qui résulteroit du
mouvement rendu à une quantité d'immeubles
déterminés ; et, à ce sujet, il faut remarquer que
la base de ce calcul ne devroit pas être seulement de treize cent millions d'immeubles, montant des adjudications faites par l'État, mais au
moins du double de cette somme, soit par la
plus value des immeubles depuis le moment de
l'adjudication, soit par la modicité de leur prix,
soit par les constructions et plantations qui ont
été faites par les acquéreurs et possesseurs. Mais

sans se livrer à ces calculs, il peut être permis de penser, d'après l'assertion de M. Ouvrard, que l'augmentation des produits du fisc ne seroit pas inférieure à la somme que nécessiteroit le service des rentes créées (6).

Du mode de liquidation des indemnités.

Le mode de liquidation des indemnités présente des difficultés réelles. Quel que soit le système qu'on adopte, il est impossible d'éviter des injustices particulières. Les lois ne peuvent pas prévoir tous les cas, leur office est de statuer en grand et sur ce qui arrive le plus ordinairement ; et ce seroit mal raisonner que de conclure de la difficulté du mode d'exécution de la loi d'indemnité, qu'il ne faut point accorder d'indemnité, et qu'on doit renoncer à tous les avantages qui en seroient la conséquence.

Le plan d'indemnité le meilleur, sera celui qui réunira à une grande simplicité dans les formalités qu'il prescrira aux anciens propriétaires, le moins d'arbitraire dans la fixation de la valeur des biens vendus.

En partant du principe que l'indemnité sera fixée sur la valeur qu'avoient les biens au temps de l'appréhension ou de la main-mise nationale, la loi devroit fixer une base certaine, et dès aujourd'hui connue, pour déterminer cette valeur, et ne pas la faire dépendre de l'estimation des experts, d'après l'état actuel et présent des biens : ces estimations, longues et coûteuses, seroient sujettes à des inconvéniens de toute espèce, qu'il convient d'éviter.

Cette base certaine pourroit se trouver, soit dans les baux authentiques des biens vendus, passés antérieurement à la confiscation ; soit dans des contrats de vente également authentiques consentis avant cette époque ; soit dans des actes de liquidations et de partages ; soit dans les contributions foncières, dont les biens étoient chargés, et d'après une proportion avec les revenus des biens, qui étoit assez généralement connue. Or, si une fois on pouvoit trouver une base assez sûre pour déterminer les revenus des biens, il n'y auroit plus qu'à déclarer que la valeur des biens seroit estimée à tant de fois ce revenu. Enfin, tous les domaines nationaux, ceux provenus des émigrés comme ceux du clergé, ont été précédés d'une estimation par des experts avant d'être mis en vente ; cette estimation est rappelée comme première enchère dans le procès-verbal de chaque adjudication : ces estimations pourroient encore fournir des renseignemens très-utiles pour déterminer la valeur des biens.

Mais il faut avouer que chacune des bases qu'on vient d'indiquer est plus ou moins sujette à des inconvéniens graves dans son exécution. Par exemple, la fixation de la valeur des biens d'après des actes de ventes, de liquidations ou de partages, ou des baux authentiques antérieurs à la confiscation des biens, seroit inapplicable à un grand nombre de biens, pour lesquels les parties intéressées ne pourroient pas présenter de pareils actes. Les impositions varioient selon les provinces et suivant la qualité des immeubles ou celle de leurs propriétaires ; et l'un et l'autre mode laisseroient indéterminée la somme même approximativement nécessaire pour payer l'indemnité, et ne permettroient pas de limiter le crédit à demander aux Chambres pour cet objet. Ces inconvéniens disparoîtroient, si la valeur de l'indemnité étoit fixée d'après le prix d'adjudication des biens, en convertissant les assignats ou les mandats en numéraire, d'après les tableaux qui ont été dressés, dans tous les départemens, de la dépréciation du papier-monnoie.

Ce mode de fixer la valeur des biens exclueroit d'abord tout arbitraire, dans l'estimation de l'indemnité ; il feroit connoître dès à présent, d'une manière certaine, les limites que les indemnités ne pourroient pas dépasser ; et il y auroit, à l'égard de l'Etat, cette considération d'équité, au préjudice des anciens propriétaires, qu'il ne leur paieroit véritablement que ce qu'il auroit reçu par la vente de leurs biens.

Les bases d'une estimation des biens étant arrêtées invariablement , et d'après des règles fixes qui exclueroient toute possibilité d'une estimation arbitraire, la liquidation des indemnités ne présente plus de difficulté. Voilà ce que la loi pourroit établir.

L'ancien propriétaire , ses héritiers ou ayant cause , présentera au préfet, dans le département duquel les biens qui ont été confisqués et vendus sur lui sont situés , une requête dans laquelle il exposera qu'il étoit propriétaire de tels immeubles désignés , lesquels ont été vendus par l'Etat sur lui ou sur son auteur comme émigrés, et qui, d'après les bases d'estimation que la loi aura fixées, sont d'une valeur de telle somme.

Le préfet, après avoir communiqué la requête au directeur des domaines qui donnera son avis motivé, et s'être fait représenter les procès-verbaux d'adjudication des biens vendus, et s'être également assuré que le prix de ces biens a été versé dans le trésor public, et qu'ils ne sont point rentrés dans le domaine de l'Etat par suite d'aucune déchéance prononcée contre les adjudicataires ; ni dans les mains des anciens propriétaires , par l'effet de la nullité des ventes, transmettra la requête et les pièces à l'appui, avec ses observations motivées au ministre des finances ; ce ministre renverra toutes ces requêtes à la commission qui sera chargée de la liquidation des indemnités.

Cette commission statuera d'abord sur la qualité des réclamans, et vérifiera si le demandeur est bien la même personne que l'émigré sur qui ont été vendus les biens pour la vente desquels l'indemnité est réclamée, ou s'il est son héritier ou ayant cause.

La décision de la commission des indemnités qui rejettera une réclamation par le défaut de qualité du réclamant, sera motivée, et le pourvoi au Conseil du Roi sera ouvert au réclamant, s'il se croit lésé par la décision.

Avant de prononcer définitivement sur la liquidation des indemnités, la commission prendra l'avis de l'administration des domaines. Si l'Etat a payé pour le compte du réclamant, ou acquitté quelques obligations, l'administration des domaines le déclarera dans son avis motivé, et produira le certificat de la liquidation de la dette publique qui constatera les paiemens annoncés. La commission de liquidation, après avoir déduit, sur le montant de l'indemnité, le capital des dettes payées par l'Etat, à la décharge du réclamant ou de ses auteurs, réglera

le montant définitif de l'indemnité à une somme
en capital, pour laquelle il lui sera accordé une
rente sur le grand-livre, sur le pied de trois ou
de cinq pour cent (suivant la base qu'on admet-
tra) du capital liquidé, c'est à dire que chaque
cent mille francs de capital donnera droit à une
rente sur l'Etat de trois ou de cinq mille francs,
avec la jouissance du premier semestre qui suivra
la publication de la loi de l'indemnité, de manière que cette jouissance soit la même pour
toutes les réclamations, quelle que soit l'époque
à laquelle elles auront été liquidées.

L'ancien propriétaire, ou ses héritiers ou ayant
cause, avant d'être inscrit sur le grand-livre pour
le montant de la liquidation de son indemnité,
consentira, au profit de l'Etat, une vente de tous
les biens énoncés dans sa requête tendante à
obtenir une indemnité, et en tant que besoin
seroit, il déclarera expressément, tant pour lui
que pour ses successeurs et ayant cause, rati-
fier et confirmer les ventes faites par l'Etat, et
renoncer à tous droits et prétentions sur lesdits
biens, au moyen de l'indemnité liquidée à la
somme de *tant*, et qu'il accepte.

Une expédition de cet acte de vente ou de re-
nonciation en forme authentique, seroit adressée
au préfet du lieu de la situation des biens vendus, et chaque acquéreur et possesseur de ces

biens auroit le droit de s'en faire délivrer une
expédition qui, jointe à son procès-verbal d'adjudication, ne permettroit plus le moindre doute
sur la légitimité de son acquisition.

Un autre mode de confirmation de la part des
anciens propriétaires a été proposé. On a demandé que l'émigré ou son représentant, avant
de recevoir son inscription sur le grand-livre, fût
tenu de passer à tous les acquéreurs et possesseurs
de ses biens qui l'exigeroient, un nouveau contrat
de vente ; ce qui, dit-on, auroit l'avantage de
faire disparoître entièrement le titre de propriété
émané de l'administration, et effaceroit jusqu'à
la trace de la vente par confiscation, et procureroit au fisc des droits de mutation ; on ne croit
pas qu'il soit nécessaire de montrer tous les vices
de ce mode de confirmation, ils seront trop facilement aperçus. Il ne s'agit pas de détruire un fait,
la confiscation des biens et leurs ventes, trop de
monumens en conserveront le souvenir dans
notre histoire , mais de légitimer le fait par le
droit, en indemnisant les anciens propriétaires.

La rente provenant de la liquidation des indemnités étant inscrite sur le grand-livre au
nom du réclamant, dont le droit et la qualité
auront été reconnus, il en touchera les semestres à leurs échéances , nonobstant toutes les
oppositions qui pourroient être formées contre

lui , de même que s'il étoit propriétaire d'une rente sur l'Etat, ayant une autre origine ; mais il ne pourra la transférer qu'après l'expiration du délai qui seroit accordé à ses anciens créanciers , pour y former opposition : c'est ce qui va être développé.

Des droits des anciens créanciers des émigrés, sur la somme provenant des indemnités qui leur seroient accordées.

Les émigrés recevant une indemnité pour leurs biens vendus par l'Etat, l'équité semble demander que les créanciers qui avoient une hypothèque sur ces biens au moment de la confiscation subie par leurs débiteurs, et qui n'ont pas été payés de leurs créances par l'Etat confiscataire, soient admis à exercer leurs droits sur l'indemnité qui représente les biens du débiteur. A proprement parler, il n'y a de biens appartenant à un débiteur que ce qui reste après le paiement de ses dettes, selon le principe du droit : *id bonorum cujusque intelligitur, quod æri alieno superest. Leg.* 11 ff. *de jur. fisci* ; et cela est vrai, surtout à l'égard des créanciers ayant une hypothèque sur des immeubles. Ces créanciers sont, en quelque sorte, copropriétaires des biens.

« Il n'y auroit qu'une seule circonstance (di-

« sois-je dans mon *Opinion sur les dettes des*
« *Emigrés antérieures à la confiscation*) où les
« plaintes des créanciers seroient appuyées par
« l'équité ; c'est celle où, tous les effets de l'émi-
« gration étant anéantis en faveur des émigrés,
« la libération acquise pour ces. derniers, par
« suite de la mort civile dont les lois sur l'émi-
« gration les avoit frappés, et par les déchéan-
« ces acquises contre les créanciers, seroit de
« même anéantie ; ou, en d'autres termes, si la
« loi considéroit l'émigré comme n'ayant jamais
« encouru la mort civile et la peine de la confis-
« cation, elle devroit, par la même raison, ré-
« puter non avenue la déchéance, ou toute autre
« libération acquise par suite de la mort civile ou
« de la confiscation.

« Ou, ce qui est la même chose, si la restitu-
« tion faite aux émigrés avoit été une restitution
« pleine et entière, et à titre de justice ; mais,
« dans ce cas, la loi civile, sans qu'il soit besoin
« d'une législation particulière et spéciale, pro-
« nonce la restitution des dettes pour la totalité,
« si la restitution n'est que d'une quote-part. »

C'est d'après ces principes que les droits des
anciens créanciers des émigrés, sur l'indemnité
accordée à leurs débiteurs pour la vente de leurs
biens, me paroissent devoir être réglés. L'Etat,
en payant aux émigrés le prix qu'il a perçu pour

la vente de leurs biens, et sans intérêts depuis la confiscation, ne feroit pas une remise de justice entière et complète, et d'ailleurs l'indemnité n'étant accordée que pour les immeubles, on ne pourroit pas prétendre que les émigrés sont par là relevés de tous les effets de la confiscation par eux encourue par suite de leur mort civile ; dès-lors ne paroîtroit-il pas juste que leurs créanciers qui avoient encouru la déchéance à l'égard de l'Etat, pendant qu'il représentoit leur débiteur émigré, subissent la même loi ? Ne seroit-ce pas les traiter avec équité que d'autoriser leurs débiteurs à se libérer envers eux au tiers en inscriptions sur le grand livre, du capital et des intérêts de la créance dus au moment de la confiscation, avec la même jouissance de l'inscription qui seroit accordée à l'émigré ? Qu'auroit à répondre le créancier de l'émigré, si, de même qu'aux créanciers les plus légitimes des communes et des corps ou communautés dont les lois de la révolution ont déclaré toutes les dettes *nationales*, on lui opposoit la déchéance irrévocablement acquise par l'Etat contre lui, et éteinte par la novation ? Pourroit-on soutenir que l'Etat n'a rendu les biens non vendus aux anciens propriétaires, que pour leur donner la faculté de payer des créances que la déchéance avoit anéanties? D'ailleurs les créanciers des émigrés ont pu faire liquider leurs créances par l'Etat : s'ils ont négligé d'exercer les droits que les lois sur les émigrés leur réservoient, ils doivent s'imputer leur négligence. Et pourquoi leur sort seroit-il meilleur que ceux des autres créanciers qui se sont conformés aux lois et n'ont reçu le remboursement de leurs créances qu'au tiers?

Ces raisons, et d'autres qu'il seroit inutile d'ajouter, seront sans doute pesées par le législateur ; mais je pense qu'il est indispensable qu'il prononce sur cette question, afin que les tribunaux aient une règle sûre à appliquer dans les contestations qui ne manqueroient pas de s'élever entre les créanciers et les débiteurs.

Pour assurer l'exercice des droits des créanciers, la loi pourroit fixer un délai pendant lequel les créanciers des émigrés antérieurs à la confiscation seroient admis à former des oppositions au trésor public au transfert des rentes provenant des indemnités, ou entre les mains des préfets, tant du lieu de la situation des immeubles vendus, que du lieu du domicile qu'avoit le débiteur au temps de son émigration, lesquels transmettroient ces oppositions, sans frais, au ministre des finances. Après l'expiration de ce délai, il ne seroit plus reçu aucune opposition, et les inscriptions de rentes délivrées pour l'indemnité entreroient dans la circulation comme les autres inscriptions.

Il reste à prévoir deux cas : 1° celui où l'ancien propriétaire se refuseroit à accepter l'indemnité fixée par la loi, parce qu'il prétendroit qu'elle est au-dessous de la valeur de ses biens, et ne se présenteroit pas même pour la réclamer et la faire liquider ; 2° celui où cet ancien propriétaire, ayant des créanciers, et prévoyant qu'il est sans intérêt pour lui de faire des démarches dont le succès seroit tout entier pour ses créanciers, ne voudroit pas exercer ses droits.

Dans le premier cas, la loi pourroit disposer que l'indemnité liquidée d'office par la commission des indemnités, et la rente qui en proviendroit seroit inscrite au nom de la caisse des dépôts et des consignations qui en percevroit les semestres à leurs échéances, pour être remis à l'ancien propriétaire ou à ses héritiers ou ayant cause, à la charge par eux de se présenter dans un delai de dix ou de vingt ans, après lequel les rentes non réclamées et les arrérages seroient acquis à l'Etat.

Dans le second cas, les créanciers devroient pouvoir exercer les droits de leurs débiteurs, conformément à la disposition de l'article 1166 du Code civil, en obtenant un jugement qui les autoriseroit à cet effet, en justifiant que leur débiteur n'a pas formé sa demande en liquidation dans le délai d'une année, à compter du jour où il auroit pu la présenter. Un moyen d'engager les émigrés débiteurs à former leur demande en liquidation de l'indemnité, et de concilier les droits des créanciers avec le respect dû au malheur, seroit de statuer, par une disposition de la loi, que, quel que fût le nombre des créanciers des émigrés et la masse de leurs créances, ils ne pourroient tous ensemble recevoir qu'une quotité de l'indemnité, comme par exemple, les deux tiers ou les trois quarts, de manière qu'une quotité seroit toujours assurée à l'émigré.

Enfin, la loi auroit encore à décider si tous les créancirs antérieurs à la confiscation seroient payés en concurence avec les créanciers postérieurs; et si il y auroit une différence entre les créanciers hypothécaires et les créanciers chirographaires.

S'il convient que les émigrés aient la faculté de transférer les inscriptions sur le grand-livre qui leur seront délivrées, du moment qu'il n'y aura aucune opposition de la part de leurs créanciers.

On a proposé que les émigrés ne pussent disposer du fonds de l'indemnité, et transférer l'ins-

cription sur le grand-livre qui leur auroit été dé-
livrée pour cette indemnité, que lorsqu'ils rache-
teroient tout ou partie des biens vendus dont
cette inscription représenteroit l'indemnité, et à
à la condition d'en employer le produit ou la
valeur au paiement du prix de leurs biens
rachetés.

C'est encore ce que M. Ouvrard a proposé
dans son Mémoire sur les finances de 1814. Les
avantages de cette condition imposée à la faculté
de transférer les rentes sur l'Etat, provenant de
l'indemnité, seroient moins de ne pas surcharger la place d'une nouvelle émission de rentes,
que de faire que « au moyen de cette précaution,
« l'indemnité accordée aux émigrés fût toùjours
« en évidence, et que leurs héritiers et succes-
« seurs conservassent l'espoir et le moyen de
« rentrer, en le rachetant, dans l'héritage de leurs
« pères ; et qu'il n'y eût plus alors aucune diffé-
« rence entre la valeur d'un héritage confisqué et
« vendu sur un émigré, et la valeur d'un bien
« patrimonial. »

Cette idée profonde ne doit pas seulement
être considérée, dans ses effets, par rapport aux
finances ; son exécution sagement combinée auroit des conséquences très-importantes, celles
de replacer sans secousse, et par succession de
temps, les propriétés vendues par suite des con-

fiscations dans les familles des anciens propriétaires , et de rattacher ces familles aux propriétés territoriales et immobilières , seules propriétés qui, dans une monarchie , puissent donner
une puissance réelle aux familles , et une base
solide à l'aristocratie. C'est ce que prouve M. Ber-
gasse dans l'éloquent et admirable ouvrage qu'il
publie en ce moment. *

On pourroit objecter contre une disposition
fondée sur une sage et habile politique , et sur
l'utilité de conserver et de perpétuer les familles
dévouées à la monarchie , l'intérêt présent et
momentané des chefs de ces familles qui , malgré eux , seroient obligés de conserver intact le
capital destiné à racheter le patrimoine antique
de leurs aïeux , et l'inconvénient d'élever les prétentions des possesseurs actuels de ces biens , en
leur créant des acheteurs nécessaires. Mais le
législateur politique ne pourroit - il pas , ne de-
vroit-il pas , dans une loi sur cette matière , s'é-
lever au-dessus des intérêts présens des propriétaires dépossédés , et prononcer , selon la loi
politique , plutôt que d'après la loi civile ?

C'est encore, dans le même but, celui de replacer les propriétés immobilières dans les fa-

---

* Intitulé : *Essai sur la Propriété*, etc. Paris, A. EGRON,
rue des Noyers, n° 37.)

milles qui les possédoient avant la confiscation; et sans aucune lésion pour les possesseurs actuels, qu'on a proposé de laisser au possesseur l'option de l'indemnité, que l'ancien propriétaire ne seroit admis à prendre qu'à son refus. Le possesseur auquel la loi laisseroit la faculté de conserver sa propriété, n'auroit certainement pas à se plaindre, si par des motifs de convenances et d'utilité, il donnoit la préférence à l'indemnité; et l'ancien propriétaire retrouveroit, par la remise de ses immeubles qui lui seroit faite par le possesseur, tout ce qu'il auroit eu le droit de demander au Gouvernement,

CHAPITRE IV.

Dangers pour l'Etat de laisser subsister la situation actuelle ; dommages considérables qu'en éprouve le fisc, et réponses aux objections faites contre le système de l'indemnité.

LES dangers qui résultent pour l'ordre actuel et pour le Gouvernement, d'une masse immense de propriétaires que les promesses les plus solennelles n'ont pu rassurer sur leurs acquisitions, et perpétuellement en état de guerre avec le Gouvernement légitime, auquel ils attribuent la dépréciation de leurs propriétés, ne sauroient être assez médités.

Ces dangers peuvent venir de l'intérieur ou de l'extérieur. On ne doit pas dissimuler que dans l'intérieur divers partis existent contre le Gouvernement ; partis qui, chacun pris isolément et séparément, ne seroient jamais à craindre pour le Gouvernement en possession du pouvoir ; mais qui, étant réunis contre la dynastie, qu'ils considèrent comme leur ennemi commun, pourroient peut-être parvenir à la renverser, s'ils étoient servis par quelques circonstances.

Ces partis, que le gouvernement du Roi pouvoit si facilement détruire et anéantir, et que,
par une inconcevable politique, il a maintenus et
perpétués, en les appuyant successivement pour
les opposer les uns aux autres, sont déjà dangereux comme partis, si, ce qui ne seroit pas impossible, leurs chefs parvenoient un jour à s'entendre et à se concerter contre le Gouvernement
légitime, auroient une force centuple en se joi-
gnant aux intérêts de la révolution. Ce sont ces
intérêts seuls qui composent la force réelle et
véritable de ces partis; sans eux ils n'ont aucune
consistance, ils ne sont que des chimères. Dé-
truisez ces intérêts, ou, ce qui est la même chose,
trouvez un moyen de leur donner, pour leur
conservation sous le Gouvernement royal, une
sécurité telle qu'ils pourroient l'attendre d'un
autre Gouvernement, soit républicain, soit im-
périal, et dès ce moment, non-seulement ces intérêts cesseront d'être hostiles contre le Gouvernement, et les très-utiles auxiliaires de partis qui
existent contre lui, mais ils préféreront de rester
sous la protection du Gouvernement légitime,
et rejetteront toutes les propositions tendantes à
changer un Gouvernement qui a le droit et le
fait, contre un Gouvernement de fait qui ne
pourroit pas faire leur condition meilleure. Or,
tous ces intérêts réels de la révolution se rédui-

sent, en dernier résultat, aux acquéreurs des biens des émigrés. Donnez à ces acquéreurs une sécurité aussi réelle que leurs intérêts, et vous aurez arraché à tous les partis les seules armes avec lesquelles ils puissent combattre le Gouvernement légitime : au contraire, laissez ces acquéreurs dans les iucertitudes sur leurs propriétés, et dans des alarmes qu'aucune promesse ne peut calmer, comme elles ne peuvent enlever aux anciens propriétaires les espérances auxquelles aucune puissance humaine ne peut leur faire renoncer, et cette masse immense de propriétaires finira tôt ou tard par se jeter dans les bras du premier parti ennemi de la légitimité qui leur présentera, ne fût-ce que par son illégitimité, la sécurité que le Gouvernement légitime n'aura pas su lui procurer : elle sera, pour les Bourbons, ce que les intérêts froissés par Jacques II furent pour les Stuarts ; et le maintien de ces propriétaires nouveaux, au préjudice des anciens propriétaires, sera une des principales conditions des stipulations du nouveau *bill des droits* (a).

(a) Si l'on pouvoit encore douter de l'influence qu'exercent les intérêts révolutionnaires sur les partis qui agitent la France, il suffiroit du jugement qu'en a porté récemment un personnage célèbre parmi les libéraux. Il s'entretenoit avec un de ses amis sur les avantages que les royalistes avoient

Les dangers de cette situation ne sont pas moins graves dans nos rapports avec les étrangers. Qu'on admette un moment la possibilité d'une guerre entre diverses puissances de l'Europe, et qu'une de ces puissances ait un intérêt à diminuer les forces de la France, en excitant des troubles intérieurs dans le royaume, et qu'on réfléchisse sur les ressources que les ennemis du Gouvernement trouveroient dans les intérêts révolutionnaires !

Les dommages que le fisc continuera d'éprouver par les droits proportionnels qu'il perçoit sur toutes les mutations d'immeubles, droits qui s'élèvent à près de huit pour cent, et qu'il ne percevra pas s'il n'y a pas de mutations, ou qu'il ne percevra que sur un taux moindre, si le prix des biens nationaux est inférieur à celui des biens patrimoniaux, seront une lèpre pour les finances qu'il sera plus tard nécessaire de guérir.

en ce moment, par la naissance du duc de Bordeaux, qui avoit rattaché un grand nombre de François à la dynastie qui règne sur la France, et par la nomination des députés royalistes, ce qui menaçoit le parti libéral de sa ruine prochaine. « Les royalistes auront beau faire, répondit ce personnage, avec leur duc de Bordeaux et leurs députés royalistes, ils seront impuissans contre nous tant qu'il nous restera les acquéreurs de domaines nationaux et les dîmes. » Ce personnage avoit raison.

Sous un autre point de vue, les finances de l'Etat ne souffrent pas de moindres dommages. Les immeubles provenant des émigrés n'étant pas aussi bien cultivés par leurs possesseurs que les immeubles patrimoniaux, leur produit dont se compose principalement la richesse nationale d'un pays essentiellement agricole comme la France, reste inférieur à ce qu'il pourroit être, si la différence que met l'opinion dans la valeur des immeubles étoit effacée ; et le trésor public perd par là tous les droits qu'il percevroit par les impôts indirects sur les produits de l'agriculture.

Dans les partages de successions, et principalement de celles des habitans des campagnes, les biens provenant des émigrés se divisent entre tous les héritiers, comme s'ils formoient en quelque sorte un patrimoine séparé et une autre succession. Chaque héritier veut avoir sa part dans les biens patrimoniaux, et il en est peu qui consentent à ne comprendre dans leur lot que des biens nationaux. Il résulte de là que les biens des émigrés, plus encore que les biens patrimoniaux, se divisent et se subdivisent dans une progression de plus en plus nuisible à l'agriculture.

Si les dangers pour l'Etat et le préjudice pour les finances que nous venons d'exposer sont

réels, et si on ne peut nier que le système d'indemnité des anciens propriétaires feroit complétement cesser les uns et les autres, quelles seroient les raisons qui pourroient faire hésiter le
Gouvernement à proposer aux Chambres une loi
pour accorder cette indemnité? Cela nous conduit à examiner les objections principales que
nous avons entendu proposer contre le système
d'indemnité, et à les réfuter.

Réponses aux objections faites contre le système de
l'indemnité.

On dit : les dommages causés par la révolution et par les lois et actes émanés des divers
Gouvernemens qui ont régi la France jusqu'à
l'époque de la restauration, sont immenses. Si
ces dommages devoient être réparés aujourd'hui,
il faudroit quadrupler la dette publique, il y auroit impossibilité de grever l'Etat d'une dette
aussi énorme; et si les finances de l'Etat ne permettent pas de faire ce que la justice ou l'équité
pourroient demander pour tous les Français
que la révolution a dépouillés de leurs propriétés, ou dont elle a causé la ruine, pourquoi
les émigrés seroient-ils les seuls Français envers
lesquels s'exerceroient la justice ou la bienveil-
lance du Gouvernement? Les créanciers de l'E-

tat qui ont subi une réduction des deux tiers de leurs créances, les anciens titulaires d'offices de judicature et de finances qui ont été remboursés dans des valeurs dépréciées, les propriétaires des rentes foncières, féodales et seigneuriales, des dîmes inféodées qui ont été abolies sans aucune indemnité, les nombreux créanciers que des débiteurs sans pudeur ont remboursés en assignats ou en mandats, à des époques où ces papiers-monnaie ayant un cours légal, n'avoient cependant aucune valeur réelle, et périssoient dans les mains de celui qui n'avoit pas pu en faire un emploi quelconque; les marchands et les propriétaires de choses mobilières qui ont été soumis à la dure loi du *maximum*; les créanciers de l'Etat dont les créances les plus légitimes ont été anéanties par les trop fameux décrets de déchéance; et notamment par celui du 25 février 1808; toutes ces diverses classes de Français dont les propriétés ont été détruites ou ont péri en totalité, ou au moins en partie par suite des actes ou des lois émanés des mêmes gouvernements qui ont fait vendre les biens des émigrés, n'auroient-ils pas à une indemnité et contre le Gouvernement les mêmes droits que les émigrés? La révolution a été un naufrage commun; c'est un événement extraordinaire, et de force majeure. Prétendre réparer tous les dommages qu'il a causés aux particuliers, ce seroit compromettre sans aucun espoir de succès les finances de l'Etat. Ne réparer qu'une partie de ces dommages, et en faveur seulement d'une classe particulière de citoyens ; c'est accorder à cette classe une injuste préférence que ni la raison ni la justice ne peuvent justifier.

Voilà l'objection dans toute sa force, et nous ne croyons pas l'avoir affoiblie en la présentant : nous allons faire connoître la réponse qui y a été faite, et nous y ajouterons quelques réflexions qui nous sont personnelles.

M. Ouvrard, dans son Mémoire de 1814, après avoir fait l'objection, y répond de la manière suivante : « Il faut bien distinguer entre « les lois et les mesures générales qui ont frappé « indistinctement tous les sujets de l'Etat, et les « lois d'exception rendues contre quelques-uns « d'entre eux seulement.

« Dans ce premier cas, et quand la nation « s'est soumise en masse à une suppression ou à « un impôt qui pèse sur tous ses membres sans « distinction, il n'y a point d'injustice particu- « lière, point d'acte d'animosité, de vengeance « ou de haine. Tous ont ordonné que tous sup- « porteroient telle privation, telle contribution. « C'est une nécessité commune qui a été décla- « rée, un malheur général auquel tout le monde

« s'est soumis, et dont nulle classe, nul individu
« n'ont pu s'affranchir.

« Mais, dans le deuxième cas, et quand la
« nation a déclaré qu'une partie des proprié-
« taires qui la composent seroit dépouillée de
« ses biens pour en enrichir le trésor public,
« c'est là une loi d'exception dont la nation reste
« responsable envers ceux qu'elle a expropriés.

« En un mot, dans le premier cas, c'est la
« nation qui s'impose elle-même, et qui ne
« peut pas se devoir à elle-même de dédomma-
« gement.

« Dans le deuxième, elle établit, non pas sur
« elle-même, mais sur les individus, une charge,
« une taxe, une expropriation arbitraire et par-
« ticulière dont elle leur doit l'indemnité quand
« les jours de la justice et de l'ordre ont reparu. »

Ces raisons ont été reproduites dans l'*Opinion d'un ancien membre du Tribunat*, etc. « Il
« importe, dit l'auteur, de sentir et d'apprécier
« la différence qui existe entre les *lois générales*
« et les *lois d'exception* : ce seroit la *nation* qui
« seroit obligée d'indemniser la *nation* des effets
« d'une loi générale. Ainsi la compensation existe
« avant la loi qui la provoqueroit ; il n'en est pas
« de même des lois d'exception : s'il est absurde
« ou plutôt *illusoire* que tous soient indemnisés
« par *tous,* il ne l'est pas que *quelques-uns* soient

« indemnisés par *tous,* quand *tous* ont pesé sur
« *quelques-uns* par une mesure particulière et
« oppressive. Cette explication étoit nécessaire,
« pour qu'on ne supposât pas à notre système
« d'indemnité une étendue démesurée et chimé-
« rique. »

Nous ne nous bornerons pas à cette réponse
qui est toute en point de droit et qui suppose
que l'indemnité accordée aux anciens propriétaires a son fondement sur un *droit* de propriété
qu'on ne peut contester aux émigrés dont les
biens ont eté vendus.

Sans vouloir même examiner la question de
savoir si les émigrés ont ou n'ont pas droit à
une indemnité pour la vente de leurs biens,
nous croyons que l'objection peut être réfutée
solidement par des considérations purement financières et d'intérêt public.

Nous avouerons franchement que si le système
d'indemnité des émigrés n'étoit que dans leur
intérêt personnel et particulier, si à cet intérêt
n'étoient pas unis l'intérêt, le besoin des finances
et celui des acquéreurs et possesseurs des biens
nationaux de toute espèce, et le maintien de la
tranquillité publique, on ne devroit pas le proposer. Il n'y auroit aucune raison de réparer le
tort, le dommage que la révolution a causé aux
émigrés, lorsque la même réparation ne pour-

roit pas être offerte aux autres droits que la révolution a également détruits et avec non moins
d'injustice. Cette préférence accordée aux émigrés par la réparation d'une injustice sur toutes
les autres injustices, ayant toutes la même cause,
la révolution, et des actes d'un même Gouvernement, exciteroit contre la classe de citoyens
qui en seroit l'objet, la haine et l'envie des autres
classes, et fourniroit aux ennemis du Gouvernement des prétextes dont les factions pourroient
abuser pour troubler la tranquillité publique.

Nous le répéterons, ce n'est point dans l'intérêt personnel des émigrés, ni pour payer une
dette que l'Etat auroit contractée envers eux, en
vendant leurs propriétés sans leur consentement, et en en touchant le prix, que nous jugeons
qu'il est nécessaire de les indemniser : leur intérêt personnel n'est pas la seule considération
qui nous touche. Leurs malheurs ont été
grands, sans doute, mais ils ne sont pas les
seuls que la révolution ait causés ; il y a d'autres
infortunes qui peuvent exciter au même degré
l'intérêt pour ceux qui en ont été l'objet, et que
le gouvernement ne pourroit pas réparer. Il
n'est pas question de faire pour les émigrés une
justice particulière : ce n'est pas une mesure de
justice, mais une mesure de finances et d'intérêt public. Elle se rapporte aux choses, et non

aux personnes. Nous ne considérons point les émigrés comme les fidèles sujets du Souverain, qui ont partagé sa proscription et son exil, mais absolument et uniquement comme des propriétaires d'immeubles expropriés violemment par des gouvernemens de fait dans des temps de trouble et d'anarchie. Nous pensons qu'il importe essentiellement à la sécurité de tous les autres propriétaires d'immeubles que le Gouvernement donne un grand et solennel exemple de la réparation de cette violation du droit de propriété. Cette réparation seroit le plus bel hommage rendu au principe consacré par l'article 66 de la Charte, qui abolit la confiscation des biens.

La violation du droit de propriété a des conséquences plus graves pour les immeubles que pour les choses mobilières ; et il en est de même de la confiscation, les suites en sont plus funestes quand elle a pour objet des immeubles que des meubles. Tout le monde aperçoit les raisons de cette différence dans les effets d'un même principe. Les immeubles, par leur nature, laissent des traces perpétuelles de leur existence et de leurs propriétaires et possesseurs. Les familles elles-mêmes, et leur existence dans la société, sont liées à la possession qu'elles ont eue des immeubles, surtout lorsqu'un patronage et des relations de devoirs et de services ont été unis à la propriété des immeubles. C'est pour cela que les héritiers et descendans des anciens propriétaires de l'Irlande peuvent encore montrer les champs qui ont appartenu à leurs ancêtres, et dont une expropriation violente les a dépouillés.

C'est pour cela que les propriétés provenant des biens d'émigrés sont dépréciées, parce que derrière le propriétaire déclaré et reconnu par les lois, on aperçoit toujours les anciens propriétaires que la force et la politique ont expropriés, et que les mêmes causes pourroient, dans l'avenir, faire rentrer dans les mains des anciens propriétaires ou de leurs héritiers. Ces craintes, quelque chimériques qu'elles soient, suffisent pour éloigner un père de famille des acquisitions des biens d'émigrés, et lui faire préférer celle des biens patrimoniaux, à moins que les premiers ne lui présentent, pour le même prix, un revenu plus considérable.

Or, cette différence de valeur que, à tort ou à raison, l'opinion des acheteurs s'obstine à vouloir établir entre les biens provenant des émigrés et les biens patrimoniaux, est, pour le fisc, la cause d'un dommage réel.

Donc l'intérêt du fisc, ou du Trésor royal qui souffre de ce dommage, seroit seul un motif déterminant pour faire adopter un moyen qui tend à effacer tout-à-fait la nuance qui distingueroit toujours les biens provenant de confiscations sur des émigrés, d'avec les biens patrimoniaux. Donc le Gouvernement peut avoir, pour accorder aux émigrés des indemnités pour le prix de leurs immeubles vendus, des motifs particuliers, non-seulement de politique et d'intérêt public, mais encore des motifs de finances, qui n'existent pas pour la réparation des violations de propriété des meubles, ou des choses réputées meubles.

Si les conséquences d'une indemnité accordée par le Gouvernement aux anciens créanciers de l'Etat qui ont été réduits au tiers de leurs créances, aux titulaires des offices de judicature et de finances qui ont reçu le remboursement de la finance de leurs offices en valeurs dépréciées, aux propriétaires des rentes foncières mélangées de féodalité, et abolies sans indemnité ; aux créanciers que leurs débiteurs ont remboursés, en assignats ou en mandats sans valeur, des créances contractées en numéraire ; aux marchands et propriétaires qui ont été atteints par les lois désastreuses du *maximum* ; si les conséquences d'une indemnité accordée à toutes ces classes de Français dont les propriétés mobilières ont été plus ou moins détruites par les lois ou par les actes des Gouvernemens de fait, étoient aussi nécessaires à la tranquillité de l'Etat , aussi avantageuses au Trésor public, par leur résultat, que l'indemnité pour les biens vendus des émigrés , il ne faudroit pas balancer un instant à réparer encore ces injustices. Le Gouvernement qui pourroit, sans s'appauvrir, enrichir des sujets que des lois désastreuses ont ruinés, n'auroit aucune raison pour s'y re-fuser.

Mais la réparation de toutes ces injustices, qui excéderoit les ressources financières de l'E-tat, ne seroit compensée par aucun avantage pour le Trésor royal ; le produit des impôts n'en seroit nullement augmenté, en sorte que l'in-demnité, considérée sous un rapport purement financier, ne seroit que préjudiciable aux finan-ces, sans aucune utilité.

Cette indemnité seroit, au reste, presque im-possible à déterminer, parce qu'il n'est resté au-cune trace des choses mobilières qui ont péri, et qu'à l'égard des anciens créanciers de l'Etat, qui ont subi la banqueroute des deux tiers, en l'an VI, il n'y auroit aucun moyen de les dis-tinguer aujourd'hui d'avec les autres créanciers inscrits sur le grand-livre ; qu'enfin il n'y auroit aucune justice à donner aux porteurs actuels des inscriptions provenant de l'ancienne dette de l'Etat, une indemnité pour une réduction qu'ils n'ont pas supportée, ayant acquis les rentes de ceux auxquels la banqueroute a été faite.

Une seconde objection que les adversaires du système de l'indemnité présentent avec le plus de confiance, après celle que nous venons de réfuter, consiste à dire : « Qu'accorder une in-« demnité aux émigrés, pour la vente des biens « qui ont été confisqués sur eux, et dont l'Etat a « touché le prix, c'est reconnoître, ou qu'ils « sont encore légitimes propriétaires de ces « biens, ou que la confiscation qui en a été faite « sur eux a été illégale; qu'il peut être d'une dan-« gereuse conséquence d'admettre un semblable « principe ; que c'est ébranler tous les droits « acquis par les lois de la révolution, et établir « entre les biens patrimoniaux et les biens natio-« naux une différence que la Charte a formelle-« ment prohibée. »

Nous répondrons à cette objection que, sans reconnoître que les émigrés sont encore légitimes propriétaires des biens qui ont été confisqués sur eux, puisque les acquéreurs de ces biens ont été maintenus, par la Charte, dans la propriété dont les lois et actes, émanés des gouvernemens de la révolution, les avoient investis, et, tout en confirmant ces confiscations, à l'égard des tiers acquéreurs et détenteurs le législateur auroit incontestablement le droit de déclarer et de reconnoître que les confiscations ont été illégales, quoique une loi précédente ait prononcé ces confiscations. Quoi ! il pourroit être défendu aux deux Chambres d'adopter et au Roi de proposer un acte de justice dont la Convention Nationale fournit elle-même un solennel exemple dans la loi du 18 prairial an III, qui a *restitué* les biens des condamnés à leurs familles ! Ces condamnations étoient aussi fondées sur des lois, de même que les confiscations des biens des émigrés, et cependant la Convention Nationale n'a pas craint de décréter la restitution des biens existant en nature, ou du prix de ceux qui avoient été aliénés;

Que, bien loin qu'il puisse être dangereux de déclarer et de proclamer que ces confiscations ont été illégales, la sécurité de toutes les propriétés, tant pour le présent que pour l'avenir, commande la solennelle déclaration d'un principe qui, dans le temps où nous vivons, est l'ancre de salut de l'ordre social. Quand des soldats demandent des Chartes, ils sont bien près de demander le partage des terres.

Que les droits acquis par la révolution ne pourroient être ébranlés qu'autant que les acquéreurs des biens des émigrés seroient troublés dans la jouissance ou dans la propriété de ces biens, et que le système de l'indemnité payé par l'Etat aux anciens propriétaires, bien loin de les troubler dans leur propriété, auroit pour effet de dissiper les inquiétudes existantes sur ces propriétés , et de réaliser la promesse faite par la Charte aux acquéreurs de biens nationaux de ne mettre aucune différence entre les biens nationaux et les biens patrimoniaux.

La loi, dira-t-on, ne reconnoît point de différence entre ces biens, je l'accorde ; mais l'opinion, plus forte que la loi, persiste à faire cette difference ; et elle la fera, n'en doutez pas, tant que les anciens propriétaires n'auront pas été indemnisés. Ainsi l'indemnité est le seul moyen de donner aux acquéreurs et possesseurs des biens des émigrés la garantie que la Charte leur a promise pour leurs acquisitions.

Personne n'ignore que tous les jours des transactions particulières ont lieu entre les possesseurs actuels et les anciens propriétaires. Ces transactions supposent, et que les lois qui ont prononcé la confiscation des biens des émigrés, et la Charte, n'ont pas conféré à l'acquéreur une propriété complète ; et que pour ces biens , il existe encore un autre propriétaire que celui déclaré et reconnu par la loi; et cependant elles ont lieu journellement avec des formes plus ou moins déguisées. Or, comment l'Etat ne pourroit-il pas faire , avec les anciens propriétaires

des biens confisqués, et pour procurer une sécurité entière aux acquéreurs et détenteurs des
biens des émigrés, le même contrat que font
tous les jours ces acquéreurs ou détenteurs?

Troisième objection. Les personnes qui jugent
superficiellement la question de l'indemnité, n'y
aperçoivent qu'une nouvelle charge pour le trésor public, et l'équité leur paroît blessée à l'é-
gard des contribuables en faveur des émigrés et
des acquéreurs et détenteurs de biens d'émigrés.
Pourquoi, disent-elles, mettre l'indemnité qu'on
veut accorder aux émigrés, à la charge des propriétaires des biens patrimoniaux, dont les propriétés n'acquerront aucune augmentation de
valeur par le paiement de cette indemnité ?
Que ceux dont les propriétés recevront par-là
un accroissement de prix dans l'opinion, con-
courent à la fournir ; il seroit injuste d'y faire
contribuer les propriétaires qui n'en retireront
aucun avantage ; on ne peut pas imposer la
France pour réparer les pertes causées par l'é-
migration ; le trésor public ne doit pas être livré
aux émigrés. Pourquoi faudroit-il encore, et à
cause des émigrés, rendre illusoire la diminution
des impôts qui est si nécessaire aux contribuables, et dont ils ne jouissent même pas encore ?

Après les développemens que nous avons
donnés dans le chapitre précédent, peu de mots

suffiront pour répondre complétement à cette objection. D'abord, il ne s'agit point de faire une nouvelle émission de rentes sur le grand-livre, ou d'établir aucune charge réelle sur le trésor, puisque l'effet certain de l'indemnité sera d'élever les revenus du trésor dans une proportion au moins égale à la rente que le trésor paiera pour l'indemnité. Mais on supposera pour le moment que les finances ne devront recevoir aucune amélioration du système de l'indemnité : dans cette supposition même, il ne seroit point contraire à l'équité de prélever les fonds nécessaires pour la fournir sur la masse des revenus publics, et par conséquent sur tous les contribuables indistinctement, et non pas exclusivement sur la partie des contribuables auxquels l'indemnité sera profitable. La raison en est que c'est une dette de l'Etat, et qu'elle doit être acquittée par l'Etat, et non par une classe particulière de citoyens. Rappelons-nous qu'après la seconde invasion de la France, causée par le fatal événement du 20 mars, et lorsque les puissances étrangères victorieuses nous imposèrent des tributs si onéreux, les royalistes qui s'étoient opposés au retour de Buonaparte furent soumis à ces tributs, sans aucune distinction d'avec ceux qui, après avoir provoqué son retour, avoient, pendant les funestes cent jours,

employé tous leurs moyens pour faire préva-
loir l'usurpation sur le Gouvernement légitime,
et avoient par là causé les malheurs de leur patrie. C'est une bizarrerie qui n'a point été assez
remarquée, que ceux qui sont les plus contraires
à ce que les émigrés reçoivent de l'Etat une indemnité, pour leurs biens vendus, n'ont dû à
la première, et surtout à la seconde restauration,
la conservation de leurs biens, ou n'ont au moins
évité la saisie de leurs revenus pendant plusieurs
années, pour payer une partie des frais de la
guerre qu'ils avoient excitée, qu'au principe sa-
cré du droit de propriété qu'on invoque pour les
émigrés. Que seroient devenues toutes les grandes fortunes de ceux qui ont pris une part plus
ou moins active aux événemens des cent jours,
s'ils avoient été jugés par les principes qui ont
dicté le Code des émigrés? si, comme les émigrés, leurs biens eussent été confisqués pour
payer les frais de la guerre?

Quant à ceux qui se plaindroient de ce que ne
possédant que des biens patrimoniaux, on les
fait contribuer à une indemnité de laquelle ils
ne profitent pas, ne pourroit-on pas leur répondre : « La France étoit engagée dans une
« guerre terrible contre toutes les puissances
« de l'Europe ; ceux qui s'étoient emparés du
« Gouvernement, par la terreur, étoient alors

« les maîtres des biens et des personnes. Les
« biens des émigrés que l'Etat a vendus, et qui
« ont servi à soutenir le crédit toujours décrois-
« sant des assignats et des mandats, ont été em-
« ployés à payer les frais de la guerre. Si l'Etat
« n'avoit pas eu cette ressource, ceux qui diri-
« geoient les affaires y auroient suppléé par des
« impôts mis sur les propriétaires, ou par des
« réquisitions en nature. En concourant à payer
« l'indemnité accordée aux anciens propriétaires
« de ces biens, vous ne faites que rembourser
« un impôt qu'ils ont payé pour vous, et au-
« quel vous n'eussiez pu vous soustraire. »

Il doit en être des immeubles des émigrés vendus, dont le prix a été employé aux dépenses de
l'Etat, comme des effets d'un vaisseau jeté à la
mer pendant une tempête, pour faciliter les manœuvres des matelots, ou pour rendre le vaisseau plus léger, à l'égard desquels les lois ma-
ritimes de toutes les nations décident que la
perte doit en être supportée par contribution entre
tous ceux qui avoient intérêt au salut du navire
(*Vid.* leg. ff. de leg. *Rh. de jact.*, ordonnance de
la marine de 1681). De même que dans une nécessité pressante de l'Etat, ou même pour une
cause d'intérêt public, lorque le souverain, en
vertu du droit que les jurisconsultes appellent
le *domaine éminent*, aliènent les biens des par-

ticuliers, l'État doit les en dédommager des deniers publics, déduction faite de leur quotepart. (*Voyez* Puffendorf, liv. 8, chap. 8, § 3.)

Au reste, il n'est point question de renvoyer à une autre année la réduction des impositions à cause de l'indemnité des émigrés ; cette indemnité fût-elle même accordée pendant la session actuelle des Chambres, le Trésor public n'auroit aucun paiement à faire, pour cet objet, cette année, parce que les travaux que nécessiteroit la fixation des indemnités ne seroient point terminés avant plusieurs années ; et d'ailleurs, la loi pourroit disposer que les rentes provenant des indemnités, ne seroient payées qu'à compter du semestre du 22 mars 1822.

Enfin, ne seroit-il pas possible de se borner à décréter, dans cette session, le principe de l'indemnité à payer aux anciens propriétaires, et de renvoyer à une autre session le mode de l'indemnité, ainsi que la proposition des voies et moyens pour l'acquitter sans surcharger les contribuables d'un nouvel impôt, et sur les nouvelles économies qui seroient faites (7)?

Le Trésor royal n'auroit rien à payer cette année pour l'indemnité, et cependant le fisc retireroit, du moment de *la loi,* tous les avantages qui doivent en résulter pour l'amélioration des finances.

Quatrième objection. Si on augmente, dit-on, la masse existante des inscriptions sur le grand-livre pour fournir une indemnité aux émigrés, cette augmentation de rentes en diminuera la valeur, et par suite sera préjudiciable au crédit public, qu'il est de l'intérêt public et particulier de soutenir.

Cette objection repose sur un principe de finances qu'on pourroit contester. Elle suppose que les inscriptions sur le grand-livre doivent diminuer de valeur en proportion de l'augmentation de leur masse. Le principe contraire, quoique cela puisse paroître un paradoxe, est peut-être plus vrai, au moins l'expérience l'a-t-elle confirmé, puisque les rentes de France ont sensiblement augmenté à deux époques, les années 1817 et 1818, où le grand-livre de France a été considérablement augmenté. Mais sans rechercher la vérité ou la fausseté du principe de cette objection, elle tombe d'elle-même, si on établit la possibilité de payer l'indemnité des émigrés sans émettre de nouvelles inscriptions, et seulement avec celles qui existent en réserve (*Voyez* ci-dessus, chap. III); ou même en ne faisant aux anciens propriétaires la délivrance des inscriptions provenant de l'indemnité que dans le cours de cinq années, et par cinquièmes ; ce qui, en admettant que tous les propriétaires indemnisés vendroient la totalité des rentes qui leur seroient affectées, ne chargeroient la place que de trois ou quatre millions de rentes par année.

Cinquième et dernière objection. Le mode d'indemnité, quel qu'il soit, donnera lieu à des abus, il sera d'une exécution pleine de difficultés, et l'arbitraire se rencontrera à chaque pas.

Réponse. Personne n'est plus que nous convaincu de toute la difficulté qu'il y a à faire une bonne loi sur l'indemnité des émigrés ; mais cette difficulté n'est pas insurmontable. On ne doit pas perdre de vue d'ailleurs que la loi d'indemnité ne produiroit pas moins tous les effets salutaires qu'on en attend, quoique, à l'égard de quelques-uns des anciens propriétaires, l'indemnité fût bien au-dessous de la valeur de leurs biens. Il ne seroit peut-être pas possible de trouver un mode simple de déterminer la valeur réelle des biens vendus ; mais l'office des législateurs est de statuer sur les cas qui se présentent le plus ordinairement, et d'omettre les cas particuliers. Or, ne pourroit-on pas considérer comme représentant la valeur des biens vendus, le prix pour lequel ils ont été adjugés par l'Etat, en convertissant en argent le papier-monnoie qui avoit cours au temps de l'adjudication nationale ?

Les anciens propriétaires pourroient objecter

contre cette base de l'indemnité, qu'elle leur est préjudiciable, étant de notoriété publique que les ventes des biens des émigrés étoient repoussées par l'opinion, et que ces biens trouvoient peu d'acheteurs disposés à les acquérir, tant qu'il y a eu d'autres biens à vendre. Mais ce seroit un sacrifice de plus que les anciens propriétaires feroient à la tranquillité de leur pays, s'ils acceptoient ette indemnité, toute insuffisante qu'elle pourra être pour quelques-uns. Ce mode d'indemnité auroit, comme on l'a déjà fait observer, l'avantage d'exclure tout arbitraire dans l'estimation des biens vendus, et de n'astreindre l'Etat qu'à rendre aux anciens propriétaires le prix qu'il en a reçu : c'est le principe qui a été admis par l'article 21 de la loi du 18 prairial an III, qui a prononcé la restitution des biens des condamnés.

Cependant, s'il étoit prouvé que le prix des adjudications nationales des biens provenant des émigrés ne présente pas une base d'indemnité assez équitable, et qu'il en résulteroit des inégalités trop grandes dans la répartition ou l'évaluation des indemnités, on pourroit prendre pour base de la valeur des immeubles leur revenu, tel qu'il étoit établi et constaté par le paiement de la contribution foncière qui a été assise sur tous les immeubles, en exécution de

la loi du 23 novembre 1790, sur la contribution
foncière. Les matrices des rôles dressés à cette
époque existent sans doute, et elles pourroient
fournir des documens, aussi authentiques que
certains, sur la valeur des immeubles au temps
de la confiscation.

On ne pourroit pas prétendre que l'admis-
sion de cette base seroit préjudiciable à l'Etat,
parce qu'il est notoire que les propriétaires des
immeubles sur lesquels on asseyoit la nouvelle
contribution foncière, avoient un intérêt réel à
ce que le revenu net de leurs biens, d'après lequel ils étoient imposés, fût estimé plutôt au-
dessous qu'au-dessus de sa véritable valeur, et
que la loi les autorisoit à réclamer contre le taux
de leur cotisation.

Enfin, on ne doit pas perdre de vue ce que
nous avons fait observer dans le chapitre 3,
que la modicité de l'indemnité allouée aux anciens propriétaires affoibliroit la sécurité des
propriétaires et possesseurs actuels, et que plus
l'indemnité approcheroit de la valeur réelle des
biens confisqués, et plus la fâcheuse différence
qui existe de fait entre ces biens et les biens patrimoniaux, et qui est si dommageable pour les
propriétaires de domaines nationaux et pour le
fisc, s'effaceroit.

On a fait voir, dans les chapitres précédens, comment les intérêts réels et positifs de la révolution pourroient se réduire en définitif aux intérêts résultant de la vente des biens des émigrés, et comment des alarmes de ces intérêts naissoient des inquiétudes que le retour du Gouvernement légitime cause aux acquéreurs et possesseurs de ces biens ; on a montré que le seul moyen de détruire entièrement ces inquiétudes, et de procurer aux acquéreurs une sécurité pour leur propriété, égale à celle dont jouissent les propriétaires de biens patrimoniaux, étoit d'indemniser les anciens propriétaires dont les biens avoient été confisqués et vendus, et que l'Etat pouvoit trouver, dans les conséquences de cette indemnité, et par la plus value qu'acquerroient tous les biens dits *nationaux*, un accroissement de revenus qui égaleroit la somme annuelle dont le Trésor royal seroit grevé pour le service de la rente sur le grand-livre, qui représenteroit l'indemnité accordée aux anciens propriétaires, ensorte que l'Etat recevroit d'un côté, ce qu'il paieroit de l'autre, et, à proprement parler, ne prêteroit réellement que son crédit.

Cependant, combien de personnes acquerroient, par l'effet de cette seule mesure, non-seulement leur tranquillité et celle de leurs familles, mais encore une existence paisible et

heureuse qu'elles devroient toute entière au Gouvernement, et qui exciteroit toute leur reconnoissance! D'abord, les acquéreurs et possesseurs des
biens des émigrés et du clergé, dont les propriétés, aujourd'hui dépréciées dans l'opinion, s'é-
leveroient à la valeur des propriétés patrimo-
niales, sans les soumettre à aucune taxe qu'ils
ont toujours eue à redouter, même sous le dernier Gouvernement, et détruiroient pour jamais
les craintes qu'ils auroient pu concevoir dans
l'avenir, sur la conservation de ces propriétés
dans leurs familles.

Les anciens propriétaires, après avoir éprouvé
des malheurs inouïs, et qui sont déjà du domaine de l'histoire, retrouveroient, dans leur
patrie, sinon les biens qui furent confisqués sur
eux pendant leur long exil, au moins des capitaux avec lesquels ils pourroient racheter leurs anciennes propriétés, ou en acquérir de nouvelles.

Les nombreux créanciers des émigrés, que l'E-
tat n'a pas payés, recevroient le paiement de
leurs créances, qui auroient été perdues pour
eux sans retour, si aucune indemnité n'avoit
été accordée à leurs débiteurs dépouillés de tous
leurs biens.

Tous les citoyens intéressés à la stabilité du
Gouvernement, au maintien de l'ordre et de la
paix, ne pourroient pas être indifférens à la ré-

conciliation de deux classes de leurs concitoyens, entre lesquels il n'existeroit plus aucun motif de haine et de discorde : ce gage de paix pour l'avenir devroit être considéré, même par eux, comme un bienfait du Gouvernement (*a*).

(*a*) Nous demandons à nos lecteurs la permission de rappeler ici ce beau trait que Plutarque nous a conservé dans la vie d'*Aratus*, et qui a été si souvent cité depuis le retour en France des émigrés.

« Comme les bannis, qui étoient de retour, se rendoient
« très-difficiles et importunoient extrêmement ceux qui
« étoient en possession de leurs biens, et que par là Sicyone
« se trouvoit à la veille de son entière ruine, par une guerre
« civile qui étoit inévitable, Aratus, qui ne voyoit d'autre
« ressource pour elle que l'humanité et la libéralité de Pto-
« lémée, résolut de monter sur mer et d'aller prier le roi de
« lui fournir tout l'argent nécessaire pour apaiser les ban-
« nis et pour terminer tous ces différends.

« Mais ce qu'il y eut encore de plus grand et de plus con-
« sidérable, c'est que, par le moyen de cet argent, tous les
« différends des pauvres avec les riches furent assoupis, la
« concorde rétablie, et tout le peuple remis en repos et en
« sûreté.

« La modération de ce personnage, dans une si grande
« puissance, est encore digne d'admiration ; car, ayant été
« nommé seul arbitre souverain et maître absolu pour ter-
« miner tous les différends de ces pauvres bannis, et pour
« régler leurs partages, il ne voulut pas s'en charger, et
« nomma quinze de ses citoyens, qu'il prit pour adjoints,
« et avec lesquels, après un fort grand travail et de longues

Qui pourroit donc s'opposer à l'exécution d'une mesure de justice et de finance qui concilieroit de si grands intérêts? Nous n'hésiterons point à le déclarer, cette mesure trouvera des contradicteurs et des opposans dans tous les partis qui sont ennemis de l'ordre actuel, sous quelque dénomination qu'on les désigne.

Les chefs de ces partis qui n'ont rien à perdre, et ceux qni y sont attachés dans l'espoir de faire une grande fortune, par l'exemple dangereux des grandes existences sorties de notre révolution,

« séances, il parvint à rétablir l'amitié et la paix entre les « habitans. » (PLUTARQUE, vie d'*Aratus.*)

Cicéron, dans ses Offices, rapporte ce fait comme une des plus nobles actions dont les histoires de la Grèce aient conservé le souvenir.

« Quàm cùm Sicyonem attulisset, adhibuit sibi in consi-
« lium quindecim principes cum quibus causas cognovit, et
« eorum qui aliena detinebant, et eorum, qui sua amise-
« rant : perfecitque æstimandis possessionibus, ut persua-
« deret aliis, ut pecuniam accipere mallent, et possessioni-
« bus cederent: aliis ut commodiùs putarent, numerari sibi
« quod tanti esset, quam suum recuperare. Ità perfectum
« est ut omnes constituta concordia sine querela discede-
« rent. O virum magnum, dignumque qui in nostra repu-
« blica natus esset ! Sic par est agere cum civibus, non, ut
« sic bis jam vidimus, hastam in foroponere, et bona civium
« voci subjicere præconis. » (CICERO *de Officiis*, lib, 2.)

ne verroient pas sans frémir de rage détruire la
cause réelle et véritable des partis ennemis de la
légitimité. On le conçoit. Ce seroit licencier leurs
troupes, démolir leurs places fortes, leur enlever
leur artillerie de siége et de campagne, et démâ-
ter leurs vaisseaux. Mais ceux qui regretteroient
ainsi, et pour leurs vues personnelles, la des-
truction des partis, et voudroient, en les perpé-
tuant, faire naître, pour satisfaire leurs intérêts
ou leurs passions, des guerres civiles ou étrangères, ne seroient certainement ni des bons
François, ni des politiques habiles (8).

NOTES.

Note (1).

Nous ne parlons que du droit qui appartient au souverain qui a permis et autorisé les corps ou communautés, de les dissoudre lorsque leur existence devient contraire à l'intérêt de l'Etat, sans prétendre décider si, à l'égard des communautés et corporations religieuses, et d'après le droit canonique, le souverain peut les dissoudre sans le consentement de l'autorité ecclésiastique qui avoit concouru à leur établissement. Nous ne prétendons pas davantage juger l'application que la première de nos assemblées nationales a faite de ce droit, en supprimant toutes les corporations religieuses, et en remplaçant les immeubles dont le clergé étoit propriétaire, par des traitemens et des pensions sur le trésor public. Nous savons tout ce que de grands hommes d'Etat, et particulièrement le célèbre Burke*, ont dit pour prouver l'importance dont un clergé propriétaire étoit dans un Etat monarchique et chrétien : aussi le Gouvernement paroît-il l'avoir senti, puisqu'il permet aux fabriques de recevoir des donations.

Nous conviendrons aussi que, dans la sévérité des principes du droit, le souverain qui ordonne la dissolution d'une corporation ou d'une communauté n'a pas le droit de s'emparer des biens et des fonds communs qui lui ap-

---

* (*Réflexions sur la Révolution de France.* Paris, A. Egron, rue des Noyers, n° 57.)

partiennent, et que ces biens et ces fonds doivent être divisés entre les membres existans de la communauté dissoute. C'est la décision formelle des lois (a). Mais ne pourroit-on pas dire que les membres du clergé existant au moment de sa suppression n'étoient que les usufruitiers des biens donnés au clergé, et qu'ils n'avoint aucun droit à la propriété de ces biens, qui rentroient alors dans le domaine public? Ils pourroient seulement se plaindre, et avec raison, de ce que les lois nouvelles, en les privant des émolumens qu'ils devoient croire assurés, et sur le produit desquels ils avoient formé le plan de leur vie, entraînoient dans leur ruine des hommes qui s'étoient constitués leurs créanciers, et tous ceux qui vivoient dans leur dépendance absolue.

Il est remarquable que lorsque Henri VIII, roi d'Angleterre, eut résolu de s'emparer de tous les biens des abbayes, il commença par établir une commission pour examiner les crimes et les abus qui régnoient dans ces communautés. Cette commission, comme on pouvoit s'y attendre, mit dans son rapport des vérités, des exagérations et des mensonges ; mais, à tort ou à raison, elle rendit un compte d'abus et de crimes. Cependant ces abus et ces crimes ne furent pas regardés comme un fondement suffisant pour prononcer la confiscation, qui étoit le but où on vouloit arriver. En conséquence, Henri trouva le moyen de se procurer une résignation formelle de ces biens de la part des titulaires de ces abbayes. Toutes ces manœuvres pénibles furent employées par un des tyrans

___

(a) *Permittitur eis, quum dissolvuntur, pecunias communes* (si quas habent) *dividere, pecuniamque inter se partiri. Leg. 3, ff. de Colleg.*

les plus décidés dont l'histoire ait jamais fait mention ,
comme des préliminaires , avant de demander une confirmation de ses procédés iniques , par un acte du Parlement.

NOTE (2).

La citation suivante pourra donner une idée des dé-
sordres qu'entraînent, dans un Etat , les confiscations
des biens prononcées par des factions contre une classe de
citoyens.

« Il y eut deux actes passés dans cette assemblée, qui
« paroissent l'ouvrage de gens insensés. L'un révoquoit
« l'acte qui fixoit les propriétés ; l'autre étoit une pros-
« cription. Par l'acte concernant les propriétés , la pos-
« session des terres confisquées par la rébellion qui com-
« mença en 1641, fut assurée à ceux qui , dans un exa-
« men juridique et solennel, prouveroient qu'elles leur
« appartenoient. Ce règlement avoit été confirmé par
« deux actes du Parlement et plusieurs lettres-patentes
« des deux derniers rois. Les lords-lieutenans avoient
« déclaré aux parlemens, et les juges aux comtés, chacun
« dans leur tournée, que les princes étoient résolus de le
« soutenir ; et c'étoit sur la foi de cet acte que les nou-
« veaux propriétaires avoient élevé des bâtimens et fait
« des améliorations, et que les deux tiers avoient acheté,
« emprunté et dressé des articles dans leurs contrats de
« mariage. Or, la plus grande partie de ces terres avoit
« passé, par événement, des mains des catholiques re-
« belles, qui en étoient originairement les propriétaires,
« dans celles des protestans ; mais la postérité de ces ca-
« tholiques porta uu bill au Parlement pour révoquer
« l'acte dont il s'agit, et rendre les biens aux héritiers de

« leurs anciens propriétaires. La proposition fut reçue
« avec acclamation, et passa dans un instant, avec la
« clause que les propriétaires seroient remboursés sur les
« adhérens du roi Guillaume : clause qui ne pouvoit être
« exécutée sans éterniser la division et la discorde en
« Irlande. Cet acte, qui enlevoit aux protestans les deux
« tiers de leurs biens-fonds, les mit au désespoir. Il fit le
« même tort à plusieurs catholiques romains qui étoient
« acquéreurs, et alarma tout le monde sur sa propriété.
« Jacques se détacha de 10,000 liv. de rente pour indem-
« niser en quelque sorte les malheureux qui en souf-
« froient. Mais le peuple vit moins dans cette action un
« trait d'humanité, que la persuasion et l'aveu de l'injus-
« tice qu'on venoit de commettre en passant la loi. »
(Extrait des *Mémoires de la Grande-Bretagne et de
l'Irlande, depuis la dissolution du dernier Parlement
de Charles II, jusqu'à la bataille navale de la Hogue ;
par le chevalier Jean d'Alrymple, tom. 2, part. 2, liv. 2.)*

Note (3).

La Cour de Cassation a formellement jugé, par un arrêt du 25 janvier 1819, dans la célèbre affaire de M. d'*Es-
pinay de Saint-Luc*, contre M. l'abbé *Duclaux*, léga-
taire universel de madame la duchesse de Sully, en cas-
sant un arrêt de la Cour royale de Paris, « qu'en rendant
« aux émigrés, ou à leurs héritiers ou ayant cause, les
« biens non vendus qui avoient été frappés de confisca-
« tion et réunis au domaine de l'Etat, la loi du 5 dé-
« cembre 1814 avoit entendu consacrer, non pas une res-
« titution en entier, mais un *acte de pure libéralité*.

« Que la remise des biens non vendus étoit faite, non

par la voie civile des successions, mais bien par la voie
« naturelle de justice et d'équité, au profit des anciens
« propriétaires. »

La Cour royale de Rouen, pardevant qui l'affaire avoit
été renvoyée par la Cour de Cassation, a jugé la question
dans le même sens que cette dernière Cour, par un arrêt
du 22 juillet 1819, et c'est dans ce sens que la jurisprudence s'est formée. Une seule réflexion suffit pour justifier
cette jurisprudence, la voici : c'est un principe de droit
certain que les bénéfices ou les grâces accordés par le
prince ne peuvent point préjudicier à des tiers. *Leg. 7
Cod. de precib. offerend. Leg. 40 ff. de Administrat.
tut.* Et il résulte de ce principe, que le prince, en accordant sa grâce au condamné, en le restituant contre la
peine de mort civile qu'il a encourue, ne peut pas préjudicier aux tiers qui possèdent par donation ou par acquisition les biens qui, par la confiscation, avoient été dé-
volus au fisc; de même, que la restitution du condamné
ne peut pas le faire rentrer dans les successions ouvertes
pendant sa mort civile, et que d'autres héritiers ont recueillies à son défaut : car sa restitution priveroit un tiers
d'un droit acquis.

Mais il en est autrement quand la restitution du condamné est une restitution de justice; les biens, même ceux
aliénés par le fisc, sont restitués au condamné par les tiers
qui les ont acquis de bonne foi, parce qu'alors c'est par
une espèce de droit de post-liminie que le condamné est
restitué dans tous ses droits; ses biens, par une fiction
de droit, sont réputés n'avoir jamais été la propriété du
fisc, qui, n'ayant jamais été légitime propriétaire, n'a pu
valablement transférer à un tiers la propriété qu'il n'avoit
pas ; parce qu'alors ce n'est pas un bénéfice du prince

qni n'est jamais concédé que sous la réserve du droit des tiers , mais une justice , un droit réel et antérieur qui prévaut sur un titre qui n'étoit qu'apparent , et que la loi déclare n'avoir jamais existé. C'est par cette raison que les jurisconsultes décident , et que les arrêts de nos anciennes Cours souveraines jugeaient constamment que, dans ce cas, les seigneurs hauts-justiciers qui avoient profité des confiscations, et les tiers qui avoient acquis les biens des condamnés , devoient les restituer. (Voy. *Bacquet*, des Droits de justice, chap. 16.)

Or , la loi du 3 décembre 1814 n'a pas restitué aux émigrés leurs biens aliénés, ni même le prix que le fisc en avoit touché, elle n'a donc pas fait une remise de justice, mais une remise de grâce.

Note (4).

La jurisprudence du Conseil d'Etat sur les dettes des communes, que le Conseil vient de nouveau de confirmer tout récemment, et d'une manière solennelle (à l'occasion de la demande formée par le sieur *Vinot*, ancien procureur au parlement de Paris , contre la commune de Landreville, tendante à être autorisé à poursuivre contre cette commune les frais d'un procès suivi pour elle au Parlement de Paris en 1786), donne une nouvelle force aux moyens qu'invoquent les émigrés pour soutenir la déchéance de leurs créanciers antérieurs à la confiscation.

Il y a, en effet, une parfaite analogie entre les dettes des émigrés et les dettes des communes.

Toutes les dettes des communes ont été déclarées *dettes nationales* par la loi du 24 août 1793 , § 28 (art. 82), de même que les dettes des émigrés. C'est ce qui résulte

de l'art. 1er de la loi du 1er floréal an 3 , qui porte : « Les
« créanciers des émigrés sont déclarés créanciers *directs*
« de la république, excepté ceux des émigrés en faillite, ou
« notoirement insolvables. »

L'Etat a confisqué les biens des émigrés , comme il s'est
emparé des biens des communes (loi des 24 août 1793 ,
§ 29 (art. 82), avec cette différence toutefois que les
biens des émigrés ont été confisqués, et que le domaine en
a pris possession, et que les communes n'ont pas cessé,
au contraire , d'administrer leurs biens , de se faire autoriser à les vendre, à échanger leurs propriétés foncières,
à en acquérir d'autres ; qu'elles sont restées en possession
de la plus grande partie de leurs biens jusqu'à la loi du
2 prairial an 5 , qui a défendu la vente des biens des communes, même celles qui seroient faites en vertu de l'art. 82
de la loi du 24 août 1793.

Les créanciers des communes n'ont pas consenti à la
novation que cette dernière loi a faite malgré eux , de leurs
créances, pas plus que les créanciers des émigrés n'ont
consenti à la novation opérée à leur égard par la loi du
1er floréal an III; et il y a entre les communes et les émigrés cette différence, que ces derniers ont été frappés de
mort civile , et que les communes n'ont jamais cessé
d'exister.

Or , le Conseil d'Etat a décidé que les dettes des communes ayant été déclarées *dettes nationales*, le paiement
ne pouvoit en être demandé et poursuivi par les créanciers
que contre l'Etat, et non contre la commune débitrice, et
quand bien même l'Etat ne se seroit emparé d'aucune partie de ses biens, ou qu'après s'en être emparés , l'Etat
les lui auroit rendus. Par quel motif de raison, de justice
ou même d'équité , pourroit-ou décider le contraire en

faveur des créanciers des émigrés, dont les dettes antérieures à la confiscation ont aussi été déclarées *dettes nationales ?* Comment la justice du Conseil d'Etat pourroit-elle être différente de celle des tribunaux, les droits des créanciers des communes et ceux des émigrés étant fondés sur les mêmes lois ?

NOTE (5).

En affectant une somme de quinze ou de vingt-cinq millions de rentes au paiement de l'indemnité des anciens propriétaires, on pourroit créer en même temps un fonds d'amortissement que l'Administration des domaines et de l'enregistrement verseroit chaque année à la caisse d'amortissement, et qui seroit tellement calculé, que dans un espace de temps donné, tel que vingt ou trente - six ans, cette quantité de rentes seroit amortie.

Il seroit possible aussi de calculer le produit des mutations des immeubles pendant les six dernières années, et de destiner l'excédent du produit moyen à l'amortissement des rentes ; cet excédent proviendroit de la plus value des immeubles, et seroit le résultat de l'indemnité payée aux anciens propriétaires, il composeroit les premiers fonds de l'amortissement.

NOTE (6).

Il seroit à désirer que M. Ouvrard, dont les vues, en matière de finances, sont aussi justes que profondes, et qui le premier a aperçu et publié, dès la première restauration, la nécessité pour l'amélioration des finances de la France, d'indemniser les anciens propriétaires des biens confisqués, voulût publier les moyens qu'il a conçus, pour que les produits du fisc fussent, par l'effet même de l'indemnité, augmentés dans la même proportion que les rentes à payer par le trésor public. Ces moyens porteroient la conviction dans tous les esprits ; et ce seroit un nouveau et très-important service que la France devroit à son génie pour les finances (a).

NOTE (7).

Les moyens de pourvoir au paiement de l'indemnité des anciens propriétaires sont nombreux ; on indiquera les principanx.

L'auteur de l'écrit intitulé : *Opinion d'un ancien membre du Tribunat, sur les questions relatives aux biens invendus des émigrés* (année 1814), avoit proposé les moyens qu'on va lire :

« Il a été plusieurs fois question, dit l'auteur, page 12
« et suivantes, et certainement avec une entière équité,
« de remettre toutes les redevances et prestations pro-
« venant de tradition de fonds, avec des conditions *féo-*
« *dales* ou *prétendues telles*, dans les mêmes termes
« où l'Assemblée Constituante les avoit laissées, et de

(a) On sait que c'est à M. Ouvrard que sont dues la conception et la négociation du premier emprunt fait par la France auprès des banquiers étrangers, en 1817, qui a relevé le crédit public de la France, et évité les malheurs incalculables qui auroient été la suite d'une exécution militaire de la part des étrangers, à défaut de paiement des contributions stipulées par le traité de paix du 20 novembre 1815.

« faire par conséquent rentrer dans le trésor public, au
« lieu et place du clergé, du domaine, des émigrés, etc. ,
« dans la jouissance de ces revenus livrés dans le temps,
« avec des intentions factieuses, aux redevables qui n'en
« avoient sollicité que le rachat. Un projet de loi fut
« porté au Tribunat, dans ce sens. Le comte *Fabre*
« *de l'Aude*, aujourd'hui pair de France, alors prési-
« dent de la section des finances du Tribunat, s'étoit
« chargé du rapport; il étoit entièrement favorable aux
« dépossédés. Le Conseil d'Etat le retira pour le retou-
« cher; d'autres objets vinrent à la traverse ; il a plu-
« sieurs fois été question de le reproduire; et, dans ces
« derniers temps, de réunir au domaine extraordinaire
« tout ce qui regardoit le fisc. Cette portion paroît se
« monter, pour la France actuelle, à quinze millions:
« les recouvremens auroient certainement été exercés avec
« plus de rigueur que nous ne le proposerons.

« Il faut en défalquer ce qui en reviendra au Roi, aux
« princes, aux particuliers réintégrés. On peut toujours
« compter cette ressource (estimée très - bas) à dix
« millions de revenus, qui, donnés à recouvrer à la
« caisse d'amortissement, la mettent bien facilement dans
« le cas de fournir aux fonds d'indemnité dont nous
« nous occupons pour dix millions d'inscriptions sur le
« grand-livre. »

Ce moyen d'indemnité, que l'ancien tribun considéroit
comme juste et raisonnable en 1814, ne pourroit-il pas
être admis aujourd'hui ? C'est ce que nous ne voulons ni
décider, ni préjuger.

D'autres ressources financières pourroient être tirées
des domaines et rentes usurpées et célées.

Une ordonnance royale du 21 août 1816, en faisant

l'application des lois antérieures, a autorisé la révélation des rentes et domaines usurpés et célés, en garantissant aux révélateurs une récompense convenable. Une seconde ordonnance du 31 mars 1819 a prorogé, jusqu'au 1ᵉʳ janvier 1821, le délai qui leur avoit été accordé. Si une semblable opération avoit été bien dirigée, elle eût évidemment offert à l'Etat d'immenses ressources ; aucunes considérations ne s'opposoient à des recherches si légitimes ; le débiteur de bonne foi se fût empressé de s'acquitter au premier avertissement ; ceux qui, au contraire, auroient profité de leur usurpation, n'eussent pas mérité plus de ménagement que le contribuable qui se refuse à payer l'impôt. Ce qu'une commission formée pour ces recherches eût pu faire faire a été exécuté par de simples particuliers ; et l'on sait combien il en a coûté à l'un d'eux pour parvenir à des résultats véritablement extraordinaires. Son travail vient (dit-on) d'être transmis à plus de soixante préfets, conformément à l'ordonnance du 21 août 1816 ; il offre une expectative d'un recouvrement de près de vingt millions, et porte à penser qu'en continuant de semblables recherches, elles produiroient près de cinquante millions : alors que quelques erreurs auroient été commises, cette opération toute légale procureroit au Gouvernement de nouveaux moyens d'indemnité en faveur des émigrés ; et, sous ce rapport, on doit être certain qu'il ne négligera rien pour utiliser et récompenser le zèle des révélateurs.

Enfin, on convient assez généralement que la caisse d'amortissement est trop fortement dotée, et que l'amortissement de la dette publique s'opère dans une progression trop rapide, eu égard à la quantité des rentes qui sont mises hors de la circulation, et sur laquelle l'amortissement n'a aucune action (*a*). Indépendamment de sa dotation qui est de quarante millions, la caisse d'amortissement perçoit les intérêts des rentes qu'elle a amorties ; ces intérêts se montoient, au 31 décembre 1819, à la somme de 13,635,297 fr. de rentes. — Ne pourroit-on pas, en laissant intacte la dotation de la caisse d'amortissement de 40 millions, employer, au paiement de l'indemnité des anciens propriétaires , les 13,635,297 fr. de rentes acquises par la caisse d'amortissement, et les quatre-vingt-quatorze hectares de bois qui lui ont été cédés , et qu'on peut évaluer à environ 98,000,000 fr. ? Cette avance faite par la caisse d'amortissement lui seroit remboursée par le versement annuel qui lui seroit fait par la Régie de l'enregistrement, d'une somme déterminée et calculée de manière à éteindre, dans un temps donné , toutes les rentes provenant de l'indemnité ? Les produits de la Régie de l'enregistrement sont portés dans le budget de l'année 1821 , pour une somme de 107 millions. L'excédant de ce produit, qui seroit l'effet de la loi d'indemnité, pourroit être affecté à la caisse d'amortissement , comme un premier fonds destiné à l'amortissement.

NOTE (8).

M. *Tabarié* , ancien secrétaire d'Etat , et pendant vingt-cinq ans fonctionnaire public , a établi , rue des Moulins , n° 21 , à Paris , sous la raison Tabarié et compagnie , une maison de commission chargée de suivre toute

---

(*a*) Les rentes susceptibles d'être vendues , et par conséquent les seules soumises à l'action de l'amortissement, ne se montent qu'à la somme de 127,789,316 fr. de rentes.

espèce d'affaires administratives, commerciales, financières, judiciaires et contentieuses; de ce nombre sont
les réclamations de toute nature, que les colons, les
émigrés et les donataires seroient dans le cas de former
en vertu des lois, décrets et ordonnances; cet établissement offriroit les moyens de préparer et d'activer la liquidation des indemnités qui pourroient être accordées
aux émigrés.

FIN.

DE L'IMPRIMERIE D'A. EGRON,
rue des Noyers, n° 37.

———

Œ*UVRES* d'*Omer et de Denis Talon*, avocats-généraux au Parlement de Paris, sous Louis XIV, recueillies et publiées sur les manuscrits autographes, et dédiées à M. le comte Desèze, Pair de France, etc. ; par D.-B. RIVES, avocat aux Conseils du Roi et à la Cour de Cassation.

Cet ouvrage, imprimé en *cicéro*, formera six vol. in-8° de 500 pages chacun ; il paroîtra en trois livraisons de deux mois en deux mois. Le prix de chaque vol. est de 6 fr. pour les personnes qui se sont fait inscrire avant la mise en vente de la première livraison ; passé cette époque, les volumes se payeront 7 fr. 50 cent. L'affranchissement par la poste sera de 1 fr. 75 c. pour chaque volume.

La première livraison est en vente. Elle comprend :

Premier vol.   Discours politiques et Mercuriales d'Omer Talon.
Troisième vol. Plaidoyers d'Omer Talon.
Prix des deux volumes, 15 fr. Franco 18 fr. 50 c.

Le Sang des Bourbons : Galerie historique des Rois et Princes de cette Maison depuis HENRI IV jusqu'à nos jours, y compris Monseigneur le duc de Berri.

Cet ouvrage, de format in-4, qui renferme une Notice sur les Rois et Princes les plus illustres de la Maison de BOURBON, est accompagné de vingt-deux Portraits dessinés, d'après une Collection de Tableaux originaux, par M. *Croizier,* jeune artiste d'un talent distingué, et *tous* gravés, avec le plus grand soin, par M. *Roger,* si avantageusement connu dans les arts.

Il est divisé en deux parties, et forme plus de 100 feuilles, caractère Saint-Augustin neuf.

Papier double d'Auvergne, satiné.   60 fr. Franco 65 fr.
Carré vélin double d'Annonay, satiné. 120 fr.   *Id.*   125 fr.

Des Crimes de la Révolution françoise, et de la Nécessité de les expier par la pénitence; par un curé du diocèse de Soissons. Un vol. in-8 de 400 pag. 5 fr. Franco 6 fr. 25 c.

De l'usage et de l'abus de l'esprit philosophique durant le dix-huitième siècle, par Jean-Etienne-Marie PORTALIS, l'un des quarante de l'Académie françoise, etc. (Ouvrage posthume.)

M. le comte Portalis, Pair de France, éditeur de cet ouvrage, l'a fait précéder d'une Notice sur la vie de l'auteur et d'un Discours préliminaire. — Le second volume est terminé par une Table très-étendue des Matières.

Deux vol. in-8 de 500 pag., grande justificat., avec portrait. 12 fr. Franco 15 fr. 50 c.

De la Puissance Paternelle ; par J.-P. Chrestien-de-Poly, Vice-Président du Tribunal de la Seine, Chevalier de l'Ordre royal de la Légion d'Honneur, 2 vol. in-8 de 400 pag. 12 fr. Franco 15 fr.

Chefs-d'œuvre (poésie et prose) *du Siècle de Louis XIV*. Un vol. in-18 de 500 pag., en petit-texte, sur carré fin d'Auvergne, imprimé avec soin. 2 fr. 50 c. Franco 3 fr. 15 c.

Il y a quelques exemplaires sur coquille, satinés. 3 fr. 50 c.

Ce volume renferme des Pièces de P. Corneille, Molière, Racine, Boileau, La Fontaine, J.-B. Rousseau, Pascal, Bossuet, Fléchier, Fénélon, Sévigné, La Bruyère, et Hamilton.

Chefs-d'œuvre du dix-huitième siècle (prose et poésie). Un vol. in-18 de 500 pag., en petit-texte. 2 fr. 50 c. Franco 3 fr. 15 c.

Sur coquille, papier satiné. 3 fr. 50 c.

Ce volume renferme : la Métromanie, de Piron ; *Mérope, Pièces fugitives* de Voltaire ; *le premier chant de la Religion*, par L. Racine ; *la Chartreuse*, de Gresset ; *Ode* de Pompignan ; *les Disputes*, de Rhullières ; *Fables* de Florian, *et quelques autres Pièces en prose* de Massillon, d'Aguesseau, Buffon, Montesquieu, J.-J. Rousseau, Voltaire, Barthélemy, Saint-Réal, Vauvenargue, Thomas, Duclos, et Le Sage.

On ne peut offrir aux jeunes gens un recueil plus agréable et plus utile.

Les Confessions de Saint-Augustin, nouvelle édition, revue avec soin et corrigée. Un vol. in-8 de 38 feuilles, beau papier. 7 fr. Franco 9 fr.

Il a été tiré quelques exemplaires vélin. 14 fr.

Cette édition est destinée à faire suite à la belle *Imitation de Jésus-Christ* publiée par L. Janet.

Le frontispice est orné d'une vignette en taille-douce représentant sainte Monique demandant à Dieu la conversion de son fils.

Réflexions sur la Révolution de France, par Ed. Burke. Nouvelle édition, revue et augmentée de notes, par le chevalier A***. Un vol. in-8 (30 feuilles en philosophie et petit-texte). 7 fr. Franco 8 50 c.

Esprit de MM. de Châteaubriand, de Bonald, La Mennais, etc. etc., ou

(3)

Extrait de leurs ouvrages politiques depuis la restauration jusqu'à ce
jour. Un vol. in-8. 3 fr. 5o c. Franco 4 fr. 5o c.

L'Homme conduit à la Foi par la Raison, ou Tableau des preuves de la
Religion chrétienne ; par M Auguste de Gomer, Chevalier de Saint-
Louis. Un vol. in-12. 2 fr. Franco 2 fr. 5o c.

Mémoires du Duc de Saint-Simon, nouvelle édition, mise en ordre et
augmentée de notes ; par F. Laurent, professeur au Collége royal de
Charlemagne. Six vol. in-8 36 fr. Franco 44 fr.

Les mêmes, papier vélin.   72 fr.

Géographie ancienne et historique, composée d'après les cartes de d'An-
ville. Deux forts vol. in-8. 12 fr. Franco 16 fr.

Cet ouvrage est très-utile pour l'étude de l'histoire ancienne.

L'Antiquité dévoilée au moyen de la Genèse, source et origine de la My-
thologie et du culte des Payens ; quatrième édition, suivie de la
Théogonie d'Hésiode, traduite du grec et expliquée par la Genèse, et
terminée par la Chronique égyptienne, éclaircie par la Genèse, avec
une figure représentant le planisphère austral et boréal. 3 fr. 5o c.
Franco 4 fr. 5o c.

La Religion prouvée par la Révolution, ou Exposition des préjugés déci-
sifs qui résultent en faveur du Christianisme, de la Révolution, de
ses causes et de ses effets ; par M. Clausel de Montals, aumônier de
MADAME. In-8, 220 pag., troisième édit., rev. et corrigée. 2 fr. 5o c.
Franco 3 fr. 25 c.

Questions importantes sur les éditions complètes des Œuvres de Voltaire,
par le même. In-8. 1 fr. Franco 1 fr. 15 c.

Observations sur les Quatre Concordats de M. de Pradt, auxquelles on a
joint la Lettre à M. Lanjuinais sur les Concordats ; par M. Bernardi,
chevalier de la Légion d'Honneur, membre de l'Institut. Un vol. in-8.
4 fr. Franco 5 fr.

Examen raisonné des Ouvrages de Voltaire, considéré comme poëte, pro-
sateur et philosophe, pour servir d'introduction et de commentaire
général à ses OEuvres complètes ; par Linguet. Nouvelle édition, avec
des notes et des additions. Un vol. in-8, bien imprimé, beau [pa-
pier. 4 fr. 5o c. Franco 5 fr. 5o c.

Voyez le compte rendu de cet Ouvrage dans le *Journal des Débats*,
4 janvier 1817.

(4)

Lettres à un Jacobin, ou Réflexions politiques sur la Constitution d'Angleterre, et la Charte royale considérée dans ses rapports avec l'ancienne Constitution de la Monarchie ; par M. d'Agout, ancien évêque de Pamiers. In-8 , deuxième édition. 3 fr. Franco 3 fr. 5o c.

Cette brochure, dont il a été rendu compte par M. Fiévée, en deux articles, dans le *Journal des Débats*, offre la réunion de la logique la plus concluante et du style le plus élégant sur des matières qui sont d'un intérêt majeur.

Le Jeu de Stratégie, ou les Echecs militaires ; par M. le comte de Firmas-Périès. Deuxième édition , revue avec grand soin, et augmentée considérablement. In-12 , avec deux planches en taille-douce représentant l'échiquier et toutes ses figures. 2 fr. 5o c. Franco 3 fr.

Ce jeu a pour objet d'imiter ce qui, dans la guerre, tient aux combinaisons, aux manœuvres et au mouvement des troupes, à l'effet des armes à feu , au choc des masses, aux moyens physiques et artificiels de défense , au calcul des subsistances , et généralement à toutes les combinaisons dont se forme la science de l'officier.

Cet ouvrage est principalement destiné aux écoles militaires.

Lectures d'une Mère à sa Fille, ou Contes pour les jeunes Dames qui entrent dans le monde, par madame .... Quatre forts vol. in-12, imprimés avec soin sur papier fin. 12 fr. Franco 14 fr. 5o c.

Voyez le *Journal des Débats*, 29 décembre 1818.

Le Petit Carême de Massillon, auquel on a joint le Sermon sur la Passion de J.-C. , par Bourdaloue, et le jugement de d'Alembert, La Harpe , et le cardinal Maury, etc. , sur le *Petit Carême*. Un vol, in-12 de 17 feuilles, sur beau papier. 1 fr. 5o c. Franco 3 fr.

Théorie nouvelle de la Phthisie pulmonaire, augmentée de la Méthode préservative , par le docteur Lanthois. Nouvelle édition. Un vol. in-8., fig 6 fr. Franco 7 fr. 5o c.

(Paris, 20 janvier 1821.)

PARIS , IMPRIMERIE D'A. EGRON.

www.ingramcontent.com/pod-product-compliance
Ingram Content Group UK Ltd.
Pitfield, Milton Keynes, MK11 3LW, UK
UKHW022358090726
13658UKWH00002B/705